FISCHER

Sophia Kroemer

Dieselbe und doch nicht die Gleiche

MEIN WEG
DURCH
DAS TRAUMA

FISCHER

Aus Verantwortung für die Umwelt hat sich der S. Fischer Verlag zu einer nachhaltigen Buchproduktion verpflichtet. Der bewusste Umgang mit unseren Ressourcen, der Schutz unseres Klimas und der Natur gehören zu unseren obersten Unternehmenszielen.

Gemeinsam mit unseren Partnern und Lieferanten setzen wir uns für eine klimaneutrale Buchproduktion ein, die den Erwerb von Klimazertifikaten zur Kompensation des CO_2-Ausstoßes einschließt.

Weitere Informationen finden Sie unter: www.klimaneutralerverlag.de

FSC www.fsc.org
MIX
Papier aus verantwortungsvollen Quellen
FSC® C083411

Originalausgabe

Erschienen bei FISCHER Taschenbuch
Frankfurt am Main, April 2021

Satz: Pinkuin Satz und Datentechnik, Berlin
Druck und Bindung: CPI books GmbH, Leck
Printed in Germany
ISBN 978-3-596-70063-9

Vorab

Sophia Kroemer = Sakari Weber? Das ist sicherlich eine Frage, die sich vielen Leser*innen meines Buches stellen wird. Ganz so einfach ist es jedoch nicht. Sakaris konkrete Familie, ihre Freunde und ihr zweites Ich sind in dieser Form ausgedacht. Gleichzeitig mache ich jedoch kein Geheimnis daraus, dass ich selbst Opfer einer Vergewaltigung geworden bin. Weil ich diese traumatische Erfahrung machen musste, war ich in der Lage, darüber eine Geschichte zu schreiben – sicherlich sind Realität und Fiktion dabei manchmal schwer trennbar. Aber es geht auch nicht darum, einzelne Teile der Geschichte dem einen oder anderen zuzuordnen.

Einige Situationen, die Sakari erlebt, mögen wirklich so passiert sein. Was aber immer und vollkommen echt ist, ist ihr Gefühlsleben. Die Verfremdung hat mir geholfen, Abstand zu der Geschichte zu wahren und trotzdem meine eigenen Gefühle und Gedanken zu verarbeiten und mit einzubringen. Das ist es, was die Geschichte für mich besonders macht. Auch die Idee einer zweiten, mutigeren Version Sakaris entspringt meiner persönlichen Erfahrung. Ich habe mich oft als die schönere, witzigere, fröhlichere, mutigere Version gesehen; das hat mich durch den Alltag begleitet. Ich denke, viele Menschen wünschen sich eine bessere, zweite Version von sich. Ich habe mir gerne vorgestellt, mit dieser zweiten Sophia sprechen zu können, besonders wenn ich mich alleine gefühlt habe. Das war und ist meine ganz eigene Art, mit meinem Trauma umzugehen – und eben auch Sakaris.

Prolog

An dem Abend, an dem meine Welt aus den Fugen geriet, all ihre Fundamente brachen und einrissen, hatte ich ein Bild gemalt. Es war schwarz, so schwarz wie die Dunkelheit da draußen. Inmitten der Schwärze war ein Licht zu erkennen. Rot, gelb, violett. Vergleichbar mit einem Sonnenaufgang, der den Himmel in Brand setzt. Ich legte den Pinsel zur Seite und rannte zum Fenster, bekam keine Luft mehr. Nate hatte immer gesagt, aus mir würde mal eine große Künstlerin werden. So groß wie Picasso vielleicht. Nate war mein bester Freund, seitdem ich denken kann. Wir machten so gut wie alles zusammen. Er hatte schon seinen eigenen Wagen, eine eigene Etage im Haus seiner Eltern und durfte jeden Abend so lange wegbleiben, wie er wollte. Ich tat immer so, als würde mir das nichts ausmachen, aber Nate wusste es besser. Jeden Freitag fuhr er mit seinem VW in unsere Parallelstraße und schickte mir eine Nachricht mit einem Zwinker-Smiley. Ich hatte meistens schon ungeduldig darauf gewartet, zog mir schnell meine uralte, abgewetzte Lederjacke über, deponierte mehrere Kissen unter meiner Bettdecke und kletterte aus dem Fenster.

Ich lief eilig los, damit kein Nachbar auf die Idee kam, mich zu verpetzen. So machten Nate und ich das seit meinem sechzehnten Geburtstag. Meistens stand er an die Motorhaube gelehnt, die wilden braunen Haare von allen Seiten abstehend und ein schelmisches Grinsen im Gesicht.

»Kleines«, begrüßte er mich. Er war gerade mal einen halben Kopf größer als ich. Zur Begrüßung lächelte ich ihm kurz zu und setzte mich in den Wagen. Wir hörten unser Lied. *Destination Breakdown* von Digitalism. Der Beat begleitete uns in eine weitere abenteuerliche Nacht.

Jetzt tun wir das nicht mehr. Das letzte Mal, der letzte gute Tag mit ihm ist schon zu lange her. Zu lange für eine Freundschaft, die dazu bestimmt war, ein ganzes Leben lang anzudauern. Meine Panikattacke kam wie immer schleichend und unangekündigt. Sie baute sich langsam auf, ein sich anbahnender Sturm, der am Ende mit all seiner Kraft über mich hereinbrach.

Meine Eltern waren zum Essen eingeladen. Die Wohnung war still und verlassen. Ich hatte nicht daran gedacht, Musik oder den Fernseher anzumachen, obwohl ich in diesem Moment nichts lieber als beruhigende Geräusche um mich herum gehabt hätte.

Meine Brust war ein zugezogener Reißverschluss. Keuchend und japsend drückte ich meine Stirn gegen das kühle Fensterglas und versuchte, Kontrolle zu erlangen. Es dauerte eine halbe Stunde, bis ich wieder klar denken konnte.

Panisch ging ich ins Wohnzimmer, öffnete unsere schmale, altmodische Kommode und griff mir eine Flasche Jack Daniels aus Dads Vorrat. Ich hatte Nate vor Augen, wie er die Nase rümpfte, weil er Whiskey verabscheute. Ich dagegen mochte das Brennen in der Kehle und die rauchige Note auf der Zunge.

So hockte ich mich auf mein Bett und schenkte mir ein Glas nach dem anderen ein. So lange, bis sich meine Brust wieder lockerte. Das Rauschen in den Ohren einsetzte und meine Gedanken auseinanderdrifteten, alle in entgegengesetzte Richtungen. Ich versuchte gar nicht erst, sie festzuhalten oder zu ordnen. Ich ließ sie machen. Starrte meine Leinwand an, beobachtete das Licht, bis es vor meinen Augen verschwamm.

An diesem Abend malte ich das Bild nicht zu Ende. Ich torkelte in Mantel und Hausschuhen aus der Wohnung, vergaß sogar den Schlüssel und lief los. Ich lief so lange, bis ich nicht mehr wusste, in welchem Stadtteil ich mich befand. Die Nacht war ruhig und friedlich. Keine Partygänger, keine grölenden Jugendlichen, die genauso betrunken wie ich durch die Straßen zogen, um ihren Eltern zu trotzen. Hier standen die Häuser weit auseinander, fast alle Lichter waren ausgeknipst, keine Autoscheinwerfer, nur der weit entfernte Lärm vom Zentrum der Stadt war leise zu vernehmen.

Ich hatte keine Ahnung, wo ich war. Ich lief immer weiter, aber die Gedanken hörten nicht auf. Die Stimmen in meinem Kopf schrien lauter. Mein Schädel pochte, als hätte ich ihn gegen eine Mauer gerammt.

»Hört auf«, flüsterte ich. Aber das taten sie nicht. Sie trieben mich immer weiter, bis ich eine Brücke erreichte. Laternen beleuchteten den Gehweg, ich packte das Geländer mit beiden Händen und hielt das Gesicht in den Wind. Jene Sommernacht war ungewöhnlich kalt, doch ich genoss das taube Gefühl meiner Haut. Tränen rannen meine Wangen hinab, ich hatte nicht gemerkt, dass ich weinte. Ich wünschte, Nate könnte hier sein. Ich wünschte, es wäre okay für mich, wenn er da wäre.

Nate hat immer gesagt, dass die Vergangenheit uns nichts anhaben kann. Dass selbst Gedanken ihre Macht verlieren, wenn wir das so bestimmen. Er war immer furchtlos und guter Dinge. Wir beide waren es. Er sagte: »Gib dich nie dem Schmerz hin. Lass nicht zu, dass er dich besitzt.«

Nate hatte sich geirrt. Nate hatte keine Ahnung von diesem

Schmerz, der mich auf die Brücke getrieben hatte, eine rastlose Verirrte, ein Schatten. Ich kann mich nicht daran erinnern, wie lange genau ich am Geländer gestanden hatte.

Wie lange ich brauchte, um zu verstehen.

Es ist passiert. Es ist wirklich passiert.

Heute weiß ich nicht mehr, wie ich es schaffte, hinaufzuklettern, die Füße baumeln zu lassen und mich so weit herunterzubeugen, dass ich die vielen Autos genau erkennen konnte, die in kurzen Abständen unter mir hinwegbrausten. Ich saß einfach da. Spürte, wie sich mein Griff um das Geländer lockerte.

Wünschte, ich könnte loslassen.

1

DREI MONATE SPÄTER

Ich begegnete meinem zweiten Ich zum ersten Mal vor drei Tagen in meinem Badezimmer. Im Grunde genommen sah es genauso aus wie ich: dicke kastanienbraune Locken, von Natur aus gebräunte Haut und die Augen meiner Mutter. Grün mit kleinen dunklen Sprenklern. Aber es war nicht ich. Es hatte einen anderen Stil als ich: irgendwie bunt, alles farblich miteinander kombiniert und weitaus auffallender, als ich rumlaufen würde. Außerdem saß diese herzchenförmige Sonnenbrille in seinem Haar, die ich niemals tragen würde.

Es hockte auf dem Badewannenrand, als ich hereinkam. Ich bekam einen Heidenschreck, aber doch nicht so einen großen, wie eigentlich hätte der Fall sein sollen. Wenn man einmal bedenkt, dass da ein fremdes Mädchen in unserem Badezimmer saß. Ein fremdes Mädchen, das haargenau so aussah wie ich.

»Du siehst vielleicht scheiße aus«, sagte es. Mit meiner Stimme. Ich starrte es unverwandt im Spiegel an, das Herz pochte mir bis zum Hals, meine Hände begannen zu zittern. Das Mädchen kaute Kaugummi. Das Schmatzen war so deutlich zu hören wie der rasende Puls in meinen Ohren.

Aus irgendeinem Grund fiel mir nichts Besseres ein als: »Wie bitte?«

Das fand es auch nicht sonderlich originell. Beziehungsweise ich. Wie auch immer. Es lachte ein kehliges, munteres Lachen, das so gar nicht meinem Lachen ähnelte. Aber es klang schön.

»Mach dir nicht gleich ins Hemd. Ich bin niemand anderes als du.«

Es war so weit. Ich war völlig hinüber. Geistig verwirrt. Ich versuchte, in kürzester Zeit herauszufinden, ob ich mir in den letzten Stunden vielleicht aus Versehen etwas eingeworfen hatte. Hatte ich vielleicht zu viel Gras geraucht? Irgendetwas, was das hier erklären würde? Aber das Mädchen schüttelte den Kopf. »Nein, du hast keine Drogen genommen. Und ja, ich bin eine waschechte Halluzination.«

»Na klasse«, erwiderte ich und stolperte gegen das Waschbecken. Dabei krachten ein paar Shampoos in die Badewanne, und mein zweites Ich sprang leichtfüßig auf.

Wir standen uns direkt gegenüber. Es trug sogar mein Parfüm. Vielleicht hätte ich schreien sollen. Fliehen sollen, meinen Eltern Bescheid sagen sollen, dass sie mich direkt wieder für weitere drei Monate in die Klapse schicken konnten. Doch ich war neugierig. Also streckte ich die Hand aus und berührte es. Es fühlte sich echt an, und meine Hand zuckte zurück, als hätte ich einen Stromschlag abbekommen. Da stand es und grinste mich an. Dieses Grinsen sorgte für großen Aufruhr in mir. Fragen über Fragen, die alle gleichzeitig beantwortet werden wollten.

»Was ich hier tue?«, übernahm es meine Aufgabe. Ich nickte langsam.

»Ich bin dafür zuständig, dass du wieder ein bisschen zu dir kommst.« Ich runzelte die Stirn. Bevor ich nachhaken konnte, klopfte es an der Tür. Mein Bruder Sabri wollte rein.

Mein Bruder und ich sind beide mit den merkwürdigsten Namen gesegnet. Sabri und Sakari. Indisch-pakistanisch. Unsere Eltern waren früher oft in Indien, noch heute schwärmen sie davon. Sie hielten die beiden Namen für eine hervorragende Idee. Aber es ist ja nichts Neues, dass Eltern komplett danebenliegen.

Ich schloss auf und sah mein zweites Ich an meinem Bruder vorbeischlendern, als wäre es das Normalste auf der ganzen Welt. Es wanderte durch den Flur und verschwand in der Küche. Ich beachtete meinen Bruder gar nicht, rannte, so schnell ich konnte, in die Küche und prallte unmittelbar gegen meinen Vater. Verdutzt schob er mich eine Armeslänge von sich. »Wo brennt's denn?«, fragte er. Mein zweites Ich war verschwunden. In der Küche befanden sich nur mein Dad und ich. Ich suchte es, mich, in der gesamten Wohnung, aber ich fand nichts. Keine Spur. Niemand hatte es gesehen oder bemerkt.

Niemand außer mir.

2

Vor drei Tagen bin ich ihm begegnet. Vor drei Tagen habe ich mich selbst aus der psychiatrischen Klinik entlassen, die unten im Zentrum der Stadt liegt, umgeben von einer kleinen Parkanlage und Grünflächen. Der Oberarzt war nicht gerade begeistert von meiner Idee, aber da ich volljährig bin, kann ich selbst entscheiden. Meine Therapeutin befürwortete es sogar. Sie hielt mich für bereit, wieder in den Alltag zurückzukehren. Aber der Grund, weswegen ich gehen wollte, ist einfach. Ich hielt es nicht länger aus. So eine Therapie ist verflucht nervenaufreibend. Hätte man mir das vorher gesagt, hätte ich mir das Ganze zehnmal überlegt. Trotzdem wäre es gelogen zu behaupten, dass mir die Zeit da drin nicht geholfen hätte. Ich kam zur Ruhe. Konnte Abstand von meinem realen Leben gewinnen. Ich dachte, ich hätte große Fortschritte gemacht. Doch kaum bin ich zurück in der echten Welt, schon spaziert eine zweite, viel coolere Version von mir durch die Gegend, die offenbar niemand wahrnehmen kann – außer mir selbst.

Herzlichen Glückwunsch!

All diese Dinge schießen mir durch den Kopf, als ich im Garten meiner Eltern sitze und mein Handy betrachte, das ich sehr lange und absichtlich nicht angerührt habe.

Hundertdreißig verpasste Anrufe. Fünfzig ungelesene Nachrichten. Alle von ein und derselben Person. Nate. Mein bester

Freund. Zumindest war er das mein ganzes Leben lang, bis mein Leben von einem Tag auf den anderen an Bedeutung verlor und somit auch alles, was dazugehörte. Ich überlege, mein Handy zu entsperren und mir das Chaos mal anzuschauen. Alles in mir wehrt sich dagegen.

Dad harkt Laub im Garten. Der Spätsommer geht zur Neige, und so verwandeln sich alle Gärten in riesige Blätterhaufen und die Bäume in teils bunte, teils kahle Wesen.

Mein alter Herr hat keine Haare mehr auf dem Kopf. Früher habe ich es geliebt, ihn mit einer Feder oder anderen kitzeligen Dingen zu ärgern. Heute sitze ich nur da und beobachte den nackten Kopf, der durch den Garten wandert und manchmal in der Herbstsonne anfängt zu leuchten. Er bemerkt, dass ich ihn beobachte, und hält in seinem Geharke inne.

»Hast du dich bei Nate gemeldet?«, fragt er, als wisse er genau, wieso ich hier draußen sitze.

Ich schüttele den Kopf. »Er ist fast jeden Tag hier aufgetaucht, während du weg warst.« Dad möchte mir ein schlechtes Gewissen machen, und damit hat er einen Riesenerfolg. Ich knabbere frustriert an meiner Unterlippe und bin schon dabei, die PIN für mein Handy einzugeben, bis mir einfällt, dass ich Nate nichts zu sagen habe. Was soll ich ihm sagen? Er wird es eh wissen.

Also, was soll ich dem einzigen Jungen, dem ich – meinen Vater und meinen Bruder ausgenommen – je vertraut habe, bitte sagen? Dass ich kurz davor war, von einer Brücke zu springen, und deshalb in der Klapse gelandet bin?

Oder gleich die ganze Geschichte davor? Alles was *danach* passierte? Ich kenne Nate. Er wird nichts zu sagen wissen. Er ist genauso ein ahnungsloser Dummkopf wie ich.

Und während ich so dasitze und über das Ganze nachdenke,

so wie jeden Tag, erscheint mein zweites Ich aus dem Nichts und steht neben meinem Dad im Garten. Es raucht einen Joint und trägt wieder diese herzchenförmige Sonnenbrille und einen puscheligen, teddyähnlichen Mantel. »Ruf ihn einfach an«, sagt es und verdreht die Augen. Mir klappt die Kinnlade runter, und es kichert. Noch so ein Laut, der mir gar nicht ähnelt, aber echt schön klingt. In meinen Gedanken antworte ich: *Und was soll ich sagen?*

Mein zweites Ich hopst mit seinen schwarzen, perlenbesetzten Stiefeln um Dad herum und lehnt schließlich am Stamm unseres Flieders. »Das, was du sagen möchtest!«, ruft es, den Joint zwischen ihren Lippen, und streckt die Arme in die Luft. Dabei rutscht sein Pullover hoch, und ich sehe, dass es ein Tattoo hat. Eine fliegende Schwalbe. Ein Tattoo, das ich mir mit achtzehn unbedingt hatte machen lassen wollen und an das ich jetzt, ein Jahr später, gar keinen Gedanken mehr verschwendet habe.

Was ich sagen möchte? Ich weiß nicht, was ich sagen möchte. Mein zweites Ich verlässt den Flieder und hockt sich neben den Laubhaufen, den Dad in den letzten zwei Stunden errichtet hat. »Sag ihm, du willst ihn treffen.«

Ich schüttele hektisch den Kopf, beinahe panisch, und kann von Glück reden, dass Dad das nicht sieht. »Warum nicht?«, fragt es und legt den Kopf schief.

Ich kann nicht. Es verdreht wieder die Augen.

»Feigling!«, sagt es, steht auf und streicht Dad für eine Sekunde über die Glatze. Er harkt unbekümmert weiter.

»Hey, Dad!«, rufe ich. Er dreht sich zu mir um und hebt fragend die Augenbrauen.

»Was würdest du sagen, wenn gerade in diesem Moment eine zweite, viel coolere Version von mir neben dir stehen und deinen Kopf streicheln würde?«

Er guckt kurz nach links, wo Ich Nr. 2 steht und ihn angrinst. Ich weiß, dass er es nicht sehen kann. Dads Blick wandert zu mir zurück, und er zuckt die Schultern.

»Ich würde sagen, dass du sie echt nicht mehr alle beisammenhast.« Und so sind wir alle drei im Garten, hören den Singsang der Vögel, das gleichmäßige Schaben der Harke, und hin und wieder kommt meine Mutter heraus, um zu gucken, ob ich noch da bin, so wie jeden Tag seit meiner Rückkehr.

3

Es ist Freitagabend. Ich stehe mit einer Mischung aus Wodka und irgendeinem süßen Saft in der Ecke und beobachte das Partygeschehen. Meine Schulfreundin Alex hat mich eingeladen. Sie amüsiert sich prächtig und ist wohl gerade dabei, einen völlig besoffenen, schlaksigen Typen abzuschleppen. Der Rest ist am Tanzen. Oder Trinken. Oder Kiffen. Von allem ist was dabei. Mein Bruder Sabri ist mit mir zusammen hier, ich vermute mal, um auf mich aufzupassen. Nicht, dass er das gemusst hätte, ich rede kaum mit jemandem, trinke einfach ein Glas nach dem anderen und warte darauf, dass sich mein Herzschlag beruhigt. Sabri tanzt mit irgendeinem Mädchen und kommt ab und zu vorbeigeschneit, um sich zu vergewissern, dass ich nicht zusammenklappe.

Die Hälfte der Leute hier kenne ich noch aus der Schule. Viele stellen neugierige Fragen, wo ich denn die letzten drei Monate war und ob ich bald wieder in die Schule kommen würde. Ich weiß selber, dass sich dieses Thema nicht mehr lange aufschieben lassen wird. Mom sagt immer, egal, wie schlimm es manchmal ist, das Leben muss weitergehen. Man braucht ein Ziel, dann funktioniert es.

Ich hätte ihr gerne verklickert, dass ich nicht mal mehr weiß, wie ich Ziel definieren soll. Außerdem habe ich immer noch Panikattacken, auch wenn sie weniger werden. Sie kommen meistens an Orten wie diesem, wo viele betrunkene Leute auf engem Raum aneinanderstoßen, Berührungen unvermeidlich sind und wo selbst jemand, der sich vielleicht nur an mir vorbeischieben wollte, die Macht hat, mich in Angst und Schrecken zu versetzen.

Es ist nicht die Menge. Es sind auch nicht die Menschen. Es sind die Berührungen selbst. Sie brennen auf mir, legen einen Schalter in meinem Kopf um, der jede Coolness fortwischt. Sie erinnern mich an das, was ich zu vergessen versuche.

Keine Ahnung, was mich hierhergebracht hat. Vielleicht wollte ich einfach wieder die normale Sakari sein, die sich ganz schön die Kante geben konnte, ohne schnell aufzugeben. Ich war ein absolutes Partygirl. Ich liebte das Feiern, liebte es, die Kontrolle zu verlieren und dabei das Gefühl zu haben, jede Nacht könnte die Nacht meines Lebens sein.

Inzwischen mag ich davon nur noch meinen vernebelten Kopf und das Taubheitsgefühl, als wäre ich in Watte gepackt und nichts und niemand könne mir etwas anhaben. Also trinke ich, schlängle mich an den Leuten vorbei und flüchte schließlich auf den Balkon, den die meisten gerade wieder verlassen, weil ihre Joints runtergebrannt sind. Ein paar Klassenkameraden grüßen mich. Ich habe Schwierigkeiten, mich an ihre Namen zu erinnern. Ich war nur für zwei Wochen in der Oberstufe, bevor ich in die Klinik ging. Direkt am Anfang des neuen Schuljahres. Um ehrlich zu sein, wundert es mich, dass sich überhaupt noch jemand an mich erinnert, Alex ausgenommen.

Die Luft ist rein und klar, was meinem Kopf guttut, der sich bereits zu drehen beginnt. Wenn ich so weitermache, darf Sabri mich nach Hause tragen. Ich stecke mir eine Zigarette an und meide mit Absicht das Balkongeländer. Nicht dass jemand auf komische Gedanken kommt, nicht wahr?

Deshalb komme ich auch nicht umhin, wie ein kleines Mädchen aufzukreischen, als sich jemand daran hochschlängelt. Es ist eine kapuzenverhüllte Gestalt, männlich vermutlich, die nach meinem Aufschrei selbst fast vor Schreck in die Tiefe fällt.

»Hey, hey«, ruft seine Stimme beruhigend. Warm wie heiße Schokolade im Winter. Mein Körper gefriert zu Eis. Zum ersten Mal bin ich verdammt froh, dass ich so ein gutes Reaktionsvermögen habe, egal mit wie viel Promille. Bevor ich zur Seite wegkippe, kriege ich noch einen Stuhl zu fassen, der an die Balkontür gelehnt ist.

»Nate«, ich klinge weder erfreut noch unglücklich. Neutral ist vielleicht das passende Wort. *Nate.* Tausend Stimmen quatschen in meinem Kopf durcheinander, jede sagt etwas anderes, und keine weiß, was sie meinem Mund zum Aussprechen schicken soll.

Da steht er vor mir, die Hände in den Hosentaschen, die Kapuze jetzt im Nacken, so dass sein braunes Haar wie immer widerspenstig und wild vom Kopf absteht. In Sekundenschnelle nehme ich all die neuen und zugleich vertrauten Details auf. Er hat sich einen Bart wachsen lassen. Die meerblauen Augen wirken müde und erschöpft. Der Mund ist zu einem harten Strich verzogen.

»Was machst du hier?«, fragt er.

Ich hebe mein Glas. »Ich trinke.«

Nate schüttelt den Kopf. »Was *machst* du hier? Wieso hast du mich nicht zurückgerufen? Mir nicht geschrieben?«

Tja, Mister, das ist eine gute Frage. Ich kann sie nicht beantworten. Und selbst wenn ich es könnte, würde es nichts wiedergutmachen. Nichts von dieser riesigen Kluft zwischen uns, die ich geschaffen habe. Selbst wenn ich es erklären könnte, würdest du nicht verstehen.

Ich erwidere Nates Blick, aber ich kann es nicht lange ertragen.

Vielleicht sollten wir einfach reingehen, anstatt so blöd dazustehen wie zwei Fremde, die wir jetzt wohl sind. Aber wir stehen noch eine ganze Weile auf dem Balkon, still und leise, bis es fast schon wieder angenehm ist. Nate sieht gut aus. Ich dagegen habe mich heute so gut wie gar nicht zurechtgemacht. Was sowieso keine Rolle spielt, weil dieser Junge der Letzte ist, der darauf etwas geben würde. Trotzdem macht es mir jetzt etwas aus.

Die Stille ist so greifbar, dass ich das Gefühl habe, gleich wird sie lebendig. Doch Nate war noch nie gut im Schweigen. Er macht einen Schritt auf mich zu, schnell und unvorhersehbar, streckt eine Hand aus, um sie auf meine Schulter zu legen. Bevor ich verstehen kann, hat mein Körper schon verstanden. Ich schlage Nates Hand weg und lasse dabei mein Glas fallen.

»Nicht«, flüstere ich erstickt.

Ich muss fort. Die Partygäste fragen sich, was hier draußen los ist. Ich zwänge mich durch die geiernden Mädels und Jungs, kriege noch meine Jacke zu packen und fliehe aus dem Haus, ohne meinen Bruder zu suchen oder irgendjemandem Bescheid zu sagen.

Wie ich schon sagte. Es sind die Berührungen. Sie erinnern mich an das, was ich zu vergessen versuche. Sie sorgen dafür, dass ich völlig verschreckt und auf wackligen Beinen diese Party verlasse und damit die Nacht beende, die früher vielleicht mal zu der Nacht meines Lebens hätte werden können. Gott sei Dank habe ich Nate nicht mehr ins Gesicht gesehen. Ich will nicht wissen, wie weh es ihm getan hat.

4

Ich Nr. 2 wartet unten auf der anderen Straßenseite. Würde es nicht so fröhlich vor sich hin pfeifen, hätte ich es nicht mal bemerkt. Ich torkele ein Stück auf es zu, bevor ich es mir anders überlege und schnurstracks in Richtung Heimat laufe.

Natürlich folgt es mir. Dabei braucht es nicht mal an Tempo zuzulegen, denn ich stolpere die ganze Zeit. Während es so neben mir herschlendert, spielen sich alle möglichen Emotionen in mir ab. Ich bin unheimlich wütend. Wütend, dass Nate zu dieser Party kommen musste, und wütend, dass ich einfach weggerannt bin. Ich bin traurig, weil ich ihn am liebsten fest in die Arme geschlossen hätte, ihm alles erklärt hätte. Warum ich den Kontakt vermieden habe und ihm aus dem Weg gegangen bin. Aber was mache ich? Ich renne wie eine Irre davon.

Mein zweites Ich lässt eine Kaugummiblase platzen. »Jep. Das war nicht dein coolster Auftritt.« Ich werfe ihm einen wütenden Blick zu. »Was willst du?«

Die Frage ist ernst gemeint. Ich habe keinen blassen Schimmer, was das alles soll. Um ehrlich zu sein, es geht mir gehörig auf den Wecker.

Ich Nr. 2 bleibt stehen und erwidert gelassen meinen Blick. Da erst fällt mir auf, wie schick es angezogen ist. Schwarzes Kleid, nicht zu kurz, nicht zu dünn. Durchsichtige Strümpfe und Stiefel bis zu den Knien.

»Was ich will?«, wiederholt es meine Frage.

Ich nicke so energisch, wie eine Betrunkene nur nicken kann.

»Woher soll ich das wissen«, sagt es und spuckt das Kaugummi auf den Gehweg. »Ich bin du. Was willst *du*?«

Ich schüttele den Kopf. »Verschwinde einfach und komm nicht wieder.«

»Kann ich nicht.«

»O Gott.« Mein Kopf dreht sich schon wieder. Ich setze mich auf die Bordsteinkante und atme mehrmals tief durch, damit mein Magen nicht auf dumme Ideen kommt. Beobachte das wunderschöne, aufgetakelte Mädchen, das ich sein soll, wie es auf der verlassenen Straße umhertanzt, als würde ihm niemand dabei zusehen. Ich habe auch mal so getanzt. Genauso. Haltlos, lächelnd, glücklich. Der Anblick macht mich traurig.

»Also, was sollte das mit Nate? Wieso redest du nicht mit ihm?« Es streckt seine Arme aus und wirbelt wie eine Ballerina im Kreis, so schnell, dass mir schon vom Zuschauen schwindelig wird.

»Ich weiß nicht.«

»Mit mir sprichst du doch auch.«

Ein nicht gerade damenhaftes Schnauben meinerseits. »Ich rede mit mir selbst. Das ist was ganz anderes.«

Ich Nr. 2 hält in seinem Tanzen inne und mustert mich von oben bis unten. »Ist Nate nicht deine zweite Hälfte? Dein Seelenverwandter und so? Du bist weggerannt, als hätte er dich geschlagen.«

Bei diesen Worten zucke ich zusammen. Es nimmt echt kein Blatt vor dem Mund.

»Das ist es nicht. Er wollte ... er hat ...«

»Er wollte dich berühren und nicht betatschen! *Er* wird dir mit

Sicherheit nicht weh tun. Schon gar nicht nach der ...« Ich springe auf und bin mit schnellen Schritten bei ihm. Meine Hand liegt auf seinem Mund, bevor es weitersprechen kann.

»Scht.« Mein Herz rast schon wieder. »Sei still.«

So stehen wir da, bis ich mich halbwegs beruhigt habe und von ihm ablasse. Mein zweites Ich lächelt. »Du willst es nicht hören, was?«

Nein. Niemals. Nie wieder.

Den Rest des Weges schweigen wir. Mir begegnen einige Spaziergänger, mein Nachbar und ein Pfandflaschensammler. Immer hoffe ich darauf, dass einer von ihnen mein Anhängsel bemerkt. Uns beide ansieht, nicht nur mich. Ein Beweis dafür, dass ich nicht völlig verrückt geworden bin. Leider wird mein Wunsch nicht erfüllt. Und zu meinem Verdruss scheint mein zweites Ich noch keine Lust zu haben, wieder zu verschwinden. Also suche ich schließlich meine Bank auf, eine Bank kurz vor unserem Haus. So sitzen wir zwei da. Starren ins Nichts. Bis es fragt, ob wir ein Spiel spielen wollen.

»Welches?«

»Wahrheit oder Pflicht.« Es grinst, und ich schüttele den Kopf. »Das Spiel ist scheiße.«

»Komm schon. Spiel mit mir. Danach haue ich ab, versprochen.«

»Du kommst doch sowieso wieder.«

Aber seine, meine Augen leuchten so kindlich und aufgeregt, dass ich nicht anders kann, als seufzend zuzustimmen. »Also gut. Du fängst an.«

5

Ich Nr. 2 wählt Pflicht. Ich muss nicht lange nachdenken. Schließlich ist es nicht real, oder? Und da es mir sowieso ganz schön auf die Nerven geht, kann es ruhig was abbekommen.

»Mach hundert Liegestütze.«

»O nein!« Frustriert schaut es mich an und zupft an seinem Kleid. »Ich will mein Kleid nicht dreckig machen!«

»Du wolltest spielen.«

»Also gut.« Seufzend steht es auf und hockt sich auf den Boden. Es schafft keine sieben.

»Du bist dran!« Mein zweites Ich reibt sich schelmisch die Hände und ich weiß, wenn ich jetzt Pflicht wähle, bekomme ich das auf jeden Fall wieder.

»Wahrheit.«

»Du willst nicht angefasst werden.«

Das ist eine Feststellung, keine Frage. Verwundert nicke ich. »Weil es dich *daran* erinnert?«

Ich muss die Wahrheit sagen. Lügen und Ausweichen sind nicht erlaubt.

»Es kommt drauf an, wo.« Es will wissen, wo es geht und wo nicht.

»Du bist ich. Du solltest es wissen.«

»Vergiss nicht, dass ich ein anderes Du bin und du ein anderes Ich.«

»Bullshit. Du willst nur, dass ich darüber rede.«

»Herzlichen Glückwunsch! Wenn du so weitermachst, gewinnst du das Spiel!« Es lächelt mich glücklich an und zaubert aus dem Nichts einen roten Filzstift hervor. Ich lege meinen Schal ab, ziehe meinen Mantel aus und schiebe die Träger meines Tops runter, so dass es gerade noch meine Brust verdeckt. Mein zweites Ich setzt an der Schulter an.

»Okay?«

»Okay.« Es zeichnet eine rote Linie bis zu meinem Nacken. Ich zucke zusammen, und es hält inne. Die Linie führt von der einen Schulter bis zur anderen. Sie geht weiter bis zu meinen Rippen, runter zu meinen Hüften, von einer Seite zur anderen. Ich Nr. 2 hat ein rotes Quadrat erschaffen, das meine komplette Hinterseite kennzeichnet, beide Schultern und den Nacken mit eingeschlossen. Es legt den Stift zu Seite und guckt nachdenklich.

»Du bist dran«, sage ich und ziehe meinen Mantel wieder an.

»Pflicht«, sagt Ich Nr. 2 wieder. War ja klar. Na ja, immerhin kann nur ich es sehen, oder? Ist also vollkommen egal, welche Aufgabe ich ihm stelle.

»Mach Hampelmänner. Aber das Kleid ziehst du aus.«

»Mein Gott, du bist ja gar nicht so langweilig, wie ich dachte!« Es springt erfreut auf, öffnet den Reißverschluss seines Kleides und steht kurze Zeit später nur noch in Unterwäsche und Strümpfen da. Sein Blick wechselt von angestrengt zu amüsiert, dann wieder zu angestrengt, während es seine Hampelmänner präsentiert. Ich kriege einen Lachanfall, ein Geräusch, eine Emotion, die mich so erschreckt, dass wir beide still werden. Ich Nr. 2 grinst. »Schön, dich lachen zu sehen.«

Das glaube ich. Ich hätte es auch gerne gesehen.

Es zieht sich wieder an und kommt zurück. Ich persönlich habe keine Lust auf Aktivitäten dieser Art und wähle wieder Wahrheit, auch wenn ich mir denken kann, was passiert. Und doch rechne ich nicht mit dem, was kommt.

»Du heißt Sakari. Du bist neunzehn Jahre alt.«

»Wahrheit.«

»Du warst drei Monate in der psychiatrischen Klinik.«

»Wahrheit.«

»Dein bester Freund heißt Nate.«

»Wahrheit.«

»Du bist schon sehr lange verliebt in ihn.«

Das ist, wie geohrfeigt zu werden. Aber was soll ich sagen? »Ich weiß nicht.«

Mein zweites Ich legt den Kopf schief. »Hm?«

»Es fühlt sich nicht mehr so an.«

»Aber es ist eigentlich noch so.«

»Vielleicht.«

Stille. Ein Auto schleicht vorbei. Eine Frau mit Hund kommt, grüßt höflich und geht weiter. Ich kann die Zeit nicht spüren. Ich spüre nicht, wie sie vergeht.

»Du wurdest vergewaltigt.«

Ich glaube, die Zeit hält an. Genauso wie mein Atem und mein Herz.

»Wahrheit.«

6

An Tagen wie diesen bewege ich mich überhaupt nicht. Ich bleibe einfach im Bett liegen, mein Körper streikt. Wozu auch? Nichts scheint heute so sinnlos wie aufstehen.

In Embryostellung liege ich im Bett und starre an die Wand. Ich bin müde von den letzten albtraumgeplagten Nächten, die trotz der intensiven Therapie nicht weggegangen sind. Ich bin nicht mal munter genug, um aufzustehen, meine Lunge weiter zu knechten und meinen Körper mit Nikotin zu vergiften.

An Tagen wie diesen könnte man mich als lebensmüde bezeichnen. Ich bin müde vom Existieren. Müde vom Atmen.

Meine Mutter kommt rein. Heute ist ein Feiertag, also hocken alle gemütlich zu Hause rum.

»Sakari, es ist fünfzehn Uhr. Willst du nicht aufstehen?«

Ich starre sie eine Weile an und belasse es schließlich dabei. Meine Mom. Die Güte in Person, man kann es nicht anders sagen. Manchmal glaube ich, sie wird irgendwann vor Liebe einfach platzen. Die Augen habe ich von ihr, das lockige Haar allerdings nicht. Wo das herkommt, weiß niemand. Mom ist eigentlich eine waschechte Blondine, aber inzwischen schleichen sich schon so einige graue Strähnen hinein. Nicht, dass das ihre Schönheit mindern könnte.

Da steht sie nun in meinem Zimmer und weiß nicht, wohin mit sich. Es ist zum Heulen.

»Geht's dir gut? Hast du Hunger?«

Ich glaube, sie will einfach irgendwas tun. Irgendwie nützlich sein. Aber an Tagen wie diesen erreicht es mich nicht. »Geh bitte einfach.«

Ich weiß nicht, wie sich das für sie anfühlen muss, so von mir zurückgewiesen zu werden. Einfach so, zack, Ende, aus. Ich kam nach schlaflosen Nächten nicht zu ihr. Wenn ich eine Panikattacke hatte, blieb ich so lange in meinem Zimmer, bis es vorbei war, und tat danach so, als wäre nichts. Ich sprach *überhaupt* nicht mit ihr.

Mom sagt nichts mehr und verlässt das Zimmer. Ich würde ihr ja gerne erklären, warum. Aber das ist schwer. Sehr schwer. Mindestens so schwer, wie Nate zu begegnen, was nun zum Glück schon eine ganze Woche her ist. Ich habe mein Handy seitdem in einer Schublade verbarrikadiert. Etwas verwunderlich, dass er noch nicht versucht hat, unser Haus einzurennen. Er ist der größte Sturkopf, den ich kenne.

Der Nachmittag zieht sich. Alex kommt kurz vorbei, um Schulsachen zu bringen, die ich vorläufig nachholen kann, bevor ich wieder zurückgehe. Sie weiß, dass ich sie nicht anrühren werde, aber es ist eine nette Geste. Eigentlich waren wir immer recht gute Freundinnen, sie hat mich sogar in der Klinik besucht. Nur in letzter Zeit mangelt es mir irgendwie an Lust und Laune für Gesellschaft. Was mein zweites Ich natürlich überhaupt nicht respektiert. Auch nicht an Tagen wie diesen.

Es hockt in meinem weißen Sessel und hält eine Leinwand in den Händen, eine von den kleineren. Dieses Bild habe ich vor ein paar Jahren gemalt. Es zeigt einen gelben Vogel mit ausgebreiteten Flügeln, der über züngelnde Flammen hinwegschwebt. Keins meiner Besten, aber schlecht ist es nicht.

»Heute ist kein guter Tag, um abzuhängen«, murre ich und drehe mich extra auf die andere Seite des Bettes. Schon wieder völlig abgedreht gekleidet, das Mädchen. Es fällt mir immer schwerer zu glauben, dass *ich* das sein soll. Ich Nr. 2 bewirft mich mit seiner Herzchensonnenbrille. »Du malst ja überhaupt nicht mehr! Wieso malst du nicht mehr?«

»Ich habe keine Lust zu malen.«

Das letzte Bild malte ich an dem Abend, als ich zur Brücke ging. Ich habe es nicht beendet und auch kein Neues mehr angefangen. In der Klinik wollten sie mich immer dazu bringen, aber das hätte mich zu viel gekostet. Zu viel in mir aufgebrochen.

»Wollen wir spazieren gehen?«, fragt Ich Nr. 2. Ich kann es nicht einfach ignorieren, also drehe ich mich wieder in seine Richtung.

»Ich will nicht. Ich will überhaupt nichts. Ich will, dass du mich in Ruhe lässt.«

»Sorry, Schätzchen, das geht leider nicht. Ich kann mir das einfach nicht länger angucken.«

Na super. Wie lange habe ich dieses verfluchte Zweitbild also noch am Hals? Bis zum letzten Tag auf Gottes schöner Erde?

Ich will nicht. Ich bin müde. Ich bin müde und traurig.

»Wollen wir was spielen?«

»Nein!« Ich werde laut, und das begeistert mein zweites Ich so richtig. »Super! Da tut sich ja was! Willst du mich anschreien? Los, schrei mich an!« Aufgeregt rutscht es auf meinem Sessel hin und her, aber bevor ich anfange, wirklich ins Nichts zu brüllen, rolle ich mich einfach wieder zusammen. Ich liege da und lasse zu, dass es zu mir kommt. Es legt sich neben mich auf die Decke, summt eine leise Melodie und streicht immer wieder in gleichmäßigen Bewegungen über meine Wange. Als wäre ich wieder ein kleines Mädchen.

»Ich muss mir überlegen, wie ich dich in Zukunft nenne. Ich Nr. 2 ist echt schräg.«

»Ich Nr. 2?« Ich Nr. 2 überlegt angestrengt. »Nein, das klingt echt blöd.«

»Dann bist du Kari.« *Kari.* Dad hatte mich so genannt, bis ich älter wurde und den Namen albern fand. Passend zu der zweiten Version von mir. Sie erinnert mich an früher. An alles, was mal war.

Stundenlang liegen wir auf meinem Bett, so lange, bis die Sonne untergeht und die Dunkelheit sich ins Zimmer schleicht. Ich höre, wie mein Bruder nach Hause kommt. Nehme das leise Rumoren hinten in der Küche wahr. Meine Mutter kocht vermutlich, und mein Vater schaut ihr dabei zu. Ein ganz normaler Abend im Hause der Webers. Nur die Tatsache, dass ich hier in meinem Bett liege mit einer Halluzination, die ein fröhliches Lied vor sich hin pfeift, weicht vielleicht etwas davon ab.

Es wird später und später. Ich warte darauf, dass sich etwas in mir tut. Warte auf irgendeine Emotion, ein Gefühl. Irgendetwas. Nichts passiert. Da bin nur ich und wieder ich und wieder ich. Ich und mein treuer Begleiter, die Leere.

Ich habe Angst vor dem Moment, wenn Kari verschwindet. Angst vor der Stille, die so laut ist.

7

Es geschah in diesem Jahr. Im Juni. Ich weiß nicht mehr, wann. Vielleicht ist es üblich, dass man sich das Datum eines so ein prägenden, einschneidenden Erlebnisses merkt. Wie ein Todestag quasi. Der Todestag meiner Würde. Der Todestag meines Stolzes. Der Todestag meiner Gefühle.

Aber ich weiß das Datum nicht. Es war ein sonniger, warmer Tag. Ein Tag, der gut anfing.

Tief in mir hat er nie ein Ende genommen. Ich bin immer noch da, auf dem staubigen, überfüllten Platz, zwischen der Menschenmenge, dem Gedränge und Getanze. Ich kann immer noch die blütenduftgeschwängerte Luft riechen, das Hämmern des Basses in meiner Brust, als ich auf die Straße zustolpere, angeheitert und schwindelerregt. Ich sitze immer noch auf dem Stein, unter einem Ahornbaum, während vor mir der nächste Paradewagen vorbeifährt, und ich atme tief ein und aus, um mich nicht zu übergeben. Ich höre immer noch die tiefe, raue Stimme eines Jungen.

»Hey, alles okay bei dir?«

Daran zu denken ist wie langsam zu ersticken. Der Reißverschluss in meiner Brust zieht sich immer weiter zu, bis die Panik überhandnimmt. Da an der Straße, auf diesem Stein, da hatte ich keine Angst. An dieser Straße war ich ein ganz normales Mädchen, das von einem ganz normalen Jungen angesprochen wurde, im Schlepptau von zwei weiteren Mädchen und einem Kumpel. Jemand, der mich nach meinem Wohlbefinden fragte.

Das war nicht der Mörder meiner Würde, meines Stolzes, meiner Gefühle. Das war ein Junge. Und ich war ein Mädchen. Fängt so nicht manch eine Liebesgeschichte an?

8

Früher waren Kriege Nates großes Thema. Als wir aus dem Sandkastenalter heraus waren, unsere Träume von der Zukunft realistischer wurden und sich unsere kindlichen Gedanken und Körper in richtige Halbwüchsige verwandelten, begann er, nur noch Bücher über den Ersten und Zweiten Weltkrieg zu wälzen. Ich beschäftigte mich zum ersten Mal mit Sachen wie plötzlich notwendig werdenden BHs, und er verbrachte die Nachmittage auf meiner Fensterbank, um eine Kriegsgeschichte nach der anderen zu verschlingen.

Man mag denken, dass er das tat, weil er selber begeistert vom Kämpfen war. Oder weil er Sehnsucht nach Kameradschaft hatte, genau so wie die armen Kerle, die loszogen und nie heimkehrten. Aber so war es nicht. Die Ungeheuerlichkeit der Welt erschütterte Nate zutiefst. An manchen Tagen kam er zu mir, packte mich an den Schultern und sagte:

»Sie haben sie umgebracht! Sie haben sie alle umgebracht!«

Ich frage: »Wen?«

»Die Juden, Sakari! Die Juden!«

Vielleicht war das einer der Gründe, dass ich mich unwiderruflich und Hals über Kopf in ihn verknallte. Nates Leidenschaft war weltbewegend.

An diesem Sonntagmorgen begegne ich Kari wieder im Badezimmer, wie beim ersten Mal. Vor Schreck werfe ich Moms Schminksachen aus dem Regal, ein Deo und den Zahnputzbecher. Sie ignoriert die Unordnung und balanciert auf Zehenspitzen auf dem Badewannenrand. Mit der Herzchensonnenbrille auf der Nase, einen knallig roten Schal um die Schultern gewickelt und sehr hohen Stiefeletten sieht sie aus, als wolle sie den Sonntag zum Freitag machen.

Ich putze mir die Zähne und beobachte sie missmutig dabei.

»Du wirst gleich eine schöne Überraschung erleben.«

Ich kann nicht wirklich sagen, ob sie so fröhlich wie immer klingt oder ob sich eine gewisse Unsicherheit in ihren Ton geschlichen hat. Ich drehe mich zu ihr um und verlange mit meinem Blick mehr Informationen, aber sie schüttelt geheimnisvoll den Kopf. Ich verdrehe die Augen und spucke Zahnpastaschaum in ihre Richtung. Mit einem spitzen Schrei weicht sie mir aus und verschwindet aus dem Bad, bevor ich mir noch andere Sachen einfallen lasse. Nicht besonders neugierig, schlüpfe ich in Jogginghose und Shirt. Was auch immer diese Überraschung sein soll, ich hoffe, es ist schnell vorbei.

Kari hüpft durch die leere Wohnung. Meine Eltern sind mit irgendeiner Freundin zum Essen verabredet, und Sabri treibt sich wer weiß wo rum. Ich folge meiner Halluzination in die Küche, zur Gartentür. Und da ist sie, die schöne Überraschung, die mich tatsächlich wortwörtlich aus den Socken haut.

Nate steht im Wintermantel und mit einer Mütze auf dem Kopf, die ich ihm vor zwei Jahren zum Geburtstag geschenkt habe, auf dem laubbedeckten Rasen. Er hält einen CD-Player in die Höhe, aus dessen Boxen unser Lied dröhnt. Kari macht ein Gesicht, als wäre Brad Pitt persönlich vorbeigekommen.

»Super, oder?«

Ich scheuche sie beiseite und reiße die Tür auf. Es ist arschkalt, und ich habe keinen Schimmer, wie lange er schon da draußen rumeiert.

»Bist du wahnsinnig?«, schreie ich in die kühle Luft hinaus. Nate hat diesen entschlossenen Blick, der mir sagt, dass er sich nicht vom Fleck bewegen wird, bis ich zu ihm rauskomme. Da stehen wir nun, schauen uns an, und ich weiß nicht, was ich tun soll. Hilfesuchend schaue ich zu Kari, die er natürlich nicht sehen kann, aber aus irgendeinem Grund folgt er meinem Blick.

»Ziemlich altmodisch, so ein CD-Player«, merkt Kari an und nickt beeindruckt. Ich bin völlig durcheinander. *Was soll ich tun?*

»Geh schon zu ihm. Er wird nicht beißen.«

Du wusstest, er würde kommen!

Ihr freches Grinsen ist mal wieder unschlagbar. Langsam schlüpfe ich in Dads viel zu große Gummistiefel und watschele zu Nate hinaus in den Garten. Angespannt steht er da und hält das alte Teil in die Luft. Ich nähere mich ihm, so gut ich kann. Nicht, dass seine Nähe mir Angst macht, aber unser Verhältnis ist so unglaublich abgekühlt, dass ich nicht weiß, wie ich ihn begrüßen soll. Nate riecht nach Zimt und Rasierwasser. Es ist der Duft nach Heimat, nach Sicherheit. Ein Duft, den ich überall wiedererkennen würde.

»Du bist verrückt«, breche ich zuerst das Schweigen. Seine meerblauen Augen schimmern verdächtig, aber er verzieht immer noch keine Miene.

»Warum bist du hier?«, will ich wissen.

Nate antwortet mir nicht. Ich habe das unheimliche Bedürfnis, durch sein widerspenstiges Haar zu fahren. Ich will bloß die Zeit zurückdrehen. Mehr nicht.

Unsere Blicke verkeilen sich ineinander, und keiner von uns ist imstande, sich zu lösen.

»Du kannst mich nicht retten«, sage ich. Nate lässt ganz langsam den CD-Player sinken, unser Song läuft weiter. Er stellt ihn auf dem Rasen ab, vergräbt seine Hände in den Taschen, ohne den Blick von mir zu wenden.

»Du musst nicht gerettet werden. Du bist stark genug.« Seine Stimme, immer noch warm, immer noch Balsam für meine Seele. Das ist der Moment, in dem ich in Tränen ausbreche.

9

Vor dem besagten Tag im Juni war ich ein Mädchen, das viel malte und oft tanzte. Ich ging jeden Freitag mit Nate auf Abenteuersuche, und manchmal setzten wir uns einfach auf eine Bank, tranken ein kaltes Bier und sprachen über die Dinge, die uns bewegten. Manchmal nahmen wir Alex mit und manchmal meinen Bruder Sabri. Ich hatte nie viele Freunde gehabt, denn ich glaube, die meisten Menschen halten mich für etwas seltsam. Oma Rosie sagte immer, so zu sein wie ich sei ein Fluch und ein Segen. Ich fühle einfach zu viel. Ich denke zu viel. Ich höre zu viel traurige Musik und spreche zu wenig über das, was in mir vorgeht.

Jetzt bin ich nicht mehr das Mädchen, das viel malt und oft tanzt. Ich gehe nicht mehr jeden Freitag mit meinem besten Freund auf Abenteuersuche, treffe mich nicht mehr spontan mit Alex oder nehme meinen älteren Bruder mit. Ich versuche, so gut es geht, traurige Musik zu vermeiden, möglichst überhaupt nicht zu denken und zu fühlen. Es ist, als hätte sich eine schalldichte Wand zwischen mir und allen Emotionen aufgebaut. Ich komme einfach nicht an sie heran. Und Gott, ich vermisse sie. Ich vermisse es, eine schnulzige Romanze zu gucken und einfach zu flennen. Ich vermisse es, zu lachen. Ich vermisse es, vor Wut jemanden anzuschreien. Ich vermisse das Malen. Und ganz besonders vermisse ich das Tanzen.

Nate sah mir oft dabei zu und sagte: »Wer dich tanzen sieht und nichts dabei fühlt, muss innerlich tot sein.«

Vielleicht ist Kari deshalb aufgetaucht. Vielleicht ist sie wirklich gekommen, um mich aus dieser Hölle herauszuholen. Vielleicht habe ich sie geschaffen, um mich selbst zu retten. Wer weiß?

Nur frage ich mich, wie das funktionieren kann. Wie, wenn mich nachts in meinen Träumen der Junge mit der tiefen, rauen Stimme heimsucht, um mich zu packen, mich festzuhalten, sich zu nehmen, was er will?

Wie soll mich jemand, etwas, irgendwas retten, wenn dieses komische, schwarze, böse Etwas tief in mir drinnen sitzt, sich an meinem Leid erfreut und mich davon abhält, mich lebendig zu fühlen?

Weinend liege ich in Nates Armen, der mich so fest drückt, dass ich mir nicht sicher bin, ob ich mich an ihm festhalte oder er sich an mir. Mein Atmen hat sich in ein röchelndes, nasses Schluchzen verwandelt. Ich kann Kari nicht sehen, aber ich weiß, dass sie da ist.

Ich kann spüren, dass sie bei uns sitzt, kann fühlen, wie sie zärtlich über meine Locken streicht, da, wo Nate mich nicht berührt. Ich kann hören, wie sie tröstende Worte in mein Ohr flüstert, auch wenn sie mich nicht erreichen. Bis sie etwas sagt, was sich mir so einbrennt, dass mein Körper erneut von Schluchzern geschüttelt wird.

»Du denkst, du fühlst nichts, aber du leidest. Du leidest, meine Liebe. Du hast Schmerzen.«

Und?

»Besser als überhaupt nichts zu fühlen, oder?« Ein leichter Windzug, dann ist sie verschwunden.

10

Wir gehen zurück in die Küche und trinken heiße Schokolade. Nate hantiert in der Küche herum, als wäre es seine eigene. Mir war nicht bewusst, wie sehr mir dieses vertraute Bild gefehlt hat. Er ist schon unzählige Male in dieser Wohnung gewesen, genauso wie ich in seinem Haus. Seine Eltern, Mary und Steve, zwei Engländer, die hierher in ein neues Land kamen und schon seit gefühlten hundert Jahren zusammen sind, gehören für mich so sehr zu meinem Leben wie Atmen.

Bestimmt machen sie sich schrecklich viele Gedanken um mich. Ich war so mit mir selbst beschäftigt, dass ich nicht mehr darüber nachgedacht habe, wie es für meine Liebsten sein muss. Mein Rückzug, mein Schweigen.

Ich fühle mich seltsam betäubt und ausgelaugt. So, als wären keine Tränen mehr übrig. Nate kommentiert das nicht, und dafür bin ich ihm dankbar. Er ist einfach da.

»Ich möchte dir nicht zu nahe treten«, sagt er irgendwann, und seine meerblauen Augen bekommen diesen Ausdruck, den ich nur allzu gut kenne. So guckt er immer, wenn er mir unbedingt sagen möchte, was ihm auf der Seele liegt, aber nicht weiß, wie ich darauf reagieren werde. Ich zucke mit den Schultern und schlürfe an meinem Kakao.

»Sprichst du darüber?«, möchte er wissen. Ich versuche, seinen besorgten Blick zu erwidern.

»Ich habe drei Monate lang über nichts anderes gesprochen.« Was man damit vergleichen kann, jeden Tag erschossen zu werden, bis man nichts anderes mehr will als tot sein. Meine Therapeutin hatte mich dafür tapfer genannt: noch ein Grund, weshalb ich mich selbst entlassen habe. Ich bin nicht tapfer. Ich bin nur kaputt.

»Ja.« Jetzt klingt er sachlich. »Aber nicht mit deiner Familie. Nicht mit mir.«

Zu meiner eigenen Verwunderung muss ich mich an etwas erinnern, woran ich mich lange nicht erinnert habe. Es war ein Frühlingstag im letzten Jahr. Die Maiglöckchen zeigten sich gerade erst, die Abende wurden milder, und man konnte endlich die Winterjacke zu Hause lassen. Ich hatte an diesem Wochenende bei Nate auf der Couch übernachtet und ging gerade hinaus auf den Balkon, eine Tasse Tee in der Hand. Die Sonne schien und wärmte mein verschlafenes Gesicht. Mary und Steve schliefen noch, Nate hatte mir eine Nachricht geschickt, er sei Brötchen holen.

Ich hörte, wie er wiederkam und zu mir auf den Balkon trat. Ich drehte mich nicht zu ihm um, sondern genoss weiter mit geschlossenen Augen die Wärme der Sonne. An diesem Morgen wollte mein Herz keine Ruhe geben. Es schlug so schnell, als ich Nates Nähe wahrnahm, dass ich befürchtete, gleich würde es herausspringen und dieses Universum verlassen.

»Sakari«, rief Nate, und ich hatte ihn noch nie so aufgebracht meinen Namen aussprechen hören. Erschrocken fuhr ich zu ihm herum, er atmete schwer und sah verschwitzt aus.

»Was ist los?«, fragte ich überrascht. Er antwortete mir nicht. Er machte zwei Schritte, umfing mit beiden Händen mein Gesicht und drückte seine Lippen auf meine.

Mich durchfluteten so viele Gedanken und Gefühle auf einmal, dass ich zuerst kaum reagierte. Ich hatte mir so lange gewünscht, ihm nahe zu sein, und war trotzdem nicht darauf vorbereitet, wie schön der Moment werden würde. Der Moment, in dem Wunsch und Wirklichkeit aufeinandertrafen.

Der Kuss war kurz, aber wir standen gefühlt ein Jahrhundert auf diesem Balkon. Ich war ganz zittrig, als Nate mich losließ, mich von oben bis unten musterte und schließlich sagte:

»Frag nicht, warum.«

Mit diesen Worten ging er wieder hinein, und wir sprachen nie wieder davon.

Heute, an diesem kalten Herbsttag, frage ich ihn danach. Nate lehnt an der Spüle und schaut mich so lange an, dass ich befürchte, er wird nie etwas sagen.

»Du weißt, warum.«

Ich schüttele bestimmt den Kopf. Das bringt ihn zum Lächeln, und ich erwidere es automatisch. Mit Nate in meiner Nähe kann ich nicht anders.

»Weil ich ein Trottel bin. Und verliebt in dich.«

Mein Herz macht einen Satz, und zum ersten Mal wünsche ich mir wirklich, mein zweites Ich Kari wäre nicht gegangen. Sie wüsste, was jetzt zu tun wäre. Ich weiß nicht, was ich sagen soll. Ich will wissen, warum er nicht früher etwas gesagt hat. Warum nicht damals, nach dem Kuss. Ich will wissen, warum er an dem besagten Tag im Juni nicht mit mir zum Fest ging. Ich will wissen, wieso dies ausgerechnet der Tag sein musste, an dem wir uns wegen einer komplett schwachsinnigen Sache in die Haare kriegten. Ich will wissen, wieso er mich in dem Glauben ließ, ich würde auf ewig wie eine Schwester für ihn sein, und ich mich so automatisch an den Jungen mit der tiefen, rauen Stimme wandte, der an dem besagten Tag im Juni in meinen naiven Augen *echtes* Interesse zeigte. Ich will wissen, warum er mich alleine gelassen hat.

All das tobt durch meinen Kopf, kratzt und beißt in meinem Inneren, möchte hinaus, aber mein Mund ist ein schmaler Strich. Es macht sowieso keinen Unterschied. Nate weiß, was ich denke.

»Ich brauche Zeit«, sage ich irgendwann.

Er nickt. »Ich weiß.«

Es ist fast Mittag. Meine Eltern werden bald zurück sein. Nate wartet, dass ich noch etwas sage, und als nichts kommt, greift er den CD-Player und macht sich in Richtung Tür auf. Ich bringe ihn, denn so haben wir das schon immer gemacht.

An der Tür dreht Nate sich noch einmal um und sieht mich mit einem Ausdruck an, den ich nicht beschreiben kann. So etwas wie Ehrfurcht. Gemischt mit tiefer Trauer.

»Ich möchte mich bei dir entschuldigen. Im Namen aller Männer, die es auf diesem gottverdammten Planeten gibt. Im Namen dieses Schweins, der dir das angetan hat. Ich hoffe, du kannst eines Tages verzeihen.«

Nate. Leidenschaftlich wie immer. Er wartet keine Antwort ab. Er verschwindet mit CD-Player und verwuschelten Haaren. Ich bleibe so lange an der Tür stehen, bis ich Mom und Dad höre. Ich öffne ihnen, und Mom merkt sofort, dass etwas nicht stimmt.

»Was ist los, Kleines?«, fragt sie. Ich zucke mit den Schultern.

»Das Universum ist ein Arschloch.«

11

Es wird kälter. Mit der Kälte kommt die Unruhe. Ich bin rastlos wie nie zuvor. Mit den kürzeren Tagen kommen auch die Albträume. Ich weiß nicht, wo ich mit meinem Kopf bin. Irgendwo zwischen hier und dort. Zwischen gestern und heute. Zwischen Himmel und Erde.

An diesem Morgen treibt mich die Rastlosigkeit hinaus in die Kälte. Feine Schneeflocken stechen wie Nadeln auf meiner Haut, aber ich merke es kaum. Ziellos wandere ich durch die Straßen, die um diese frühe Zeit ganz still sind. Mein Weg führt mich hinunter zum großen Marktplatz, wo sie die Marktstände für die Mittagszeit gerade aufbauen. Ich wandere über den Platz hinweg, biege in die nächste Straße ein und bleibe augenblicklich stehen. Ein Gerüst hangelt sich das Haus rechts von mir entlang. Planen flattern im kalten Wind, ein Container voll Schotter steht vor dem Hauseingang. Und direkt daneben ist es.

Nichts Ungewöhnliches. Etwas, das man eigentlich kaum bemerken würde. Ein Dixi-Klo. Ich fand die Bezeichnung schon immer widerlich.

Hellblau und unschuldig steht es da in der Ecke. Ich muss daran vorbei. Aber meine Beine wollen nicht. Als würde ein Anker sie festhalten. Ich kann den Reißverschluss in meiner Brust spüren. Weiß, dass er sich gleich zuzieht, mir die Luft raubt, Atmen unmöglich macht.

Ich kann nicht aufhören hinzusehen. Kann nicht aufhören, mich zu erinnern, obwohl mein Kopf sich nichts sehnlicher wünscht, als an nichts zu denken.

»Was machst du denn?«

»Komm mit. Komm.«

Eine Hand, die mich zieht, ein verwundertes Lachen meinerseits. Was möchte er? Will er, dass ich ihm beim Pinkeln zuschaue?

Auf dem Sommerfest gab es diese öffentlichen Toiletten. Einen ganzen Haufen davon. Für die vielen Besoffenen, damit sie nicht auf die Straße pinkeln.

Ich zucke zusammen, als ich erneut den Druck auf meinen Nacken spüre. Eine Hand, die fest zudrückt. Mich runterdrückt, mein betrunkenes Bewusstsein ist zu langsam, um zu reagieren. Viel zu schwerfällig. Und der beißende, ekelhafte Geruch. Der Geruch eines Dixi-Klos von innen.

Unwillkürlich schiebe ich meinen Schal über die Nase, obwohl es an diesem Morgen nur nach Schnee und kalter Luft riecht. Ich muss weiter. Ich befehle es meinen Beinen, und sie gehorchen nicht. Der Reißverschluss ist zu.

Mir wird schwindelig, ich wanke, gehe in die Hocke, während weiße Sterne in meinem Kopf explodieren.

»Hör auf«, flüstert eine sanfte Stimme in mein Ohr. Ich zucke erschrocken zusammen.

Kari hockt vor mir, eine Hand an meine Wange gelegt. Ihre Hand ist kalt, so wie es meine Hände auch immer sind. Ich konzentriere mich auf ihre Lippen, meine, die dunkelrot schimmern. Lippenstift. Ich trage nie Lippenstift.

»Beruhige dich«, sagt sie.

Mit gerunzelter Stirn und Schnappatmung werfe ich ihr einen vernichtenden Blick zu, aber sie lässt sich natürlich nicht beirren.

»Es tut dir nichts«, versichert Kari mir. »Es kann dir nichts anhaben. Es ist nur die Erinnerung daran. Hör auf. Beruhige dich.«

Sie wiederholt es immer wieder in einem beruhigenden Singsang, an dem ich mich festklammere, bis das Rauschen in meinen Ohren abnimmt und der Reißverschluss sich langsam wieder öffnet.

»Na siehst du!« Karis glockenhelles Lachen ertönt, sie zieht mich am Arm hoch und hakt sich bei mir unter. Zusammen gehen wir weiter.

Ich drehe mich nicht noch einmal um.

12

Weihnachten nähert sich. Ungefähr einen Monat vorher werden die Leute immer verrückt. Wie Wahnsinnige rennen sie in die Läden, geben viel zu viel Geld aus für viel zu teure Geschenke und machen ein Riesentheater ums Essen.

Ich war noch nie ein großer Fan von Weihnachten. Aber ich bin ein großer Fan von Silvester. Der beste Tag des Jahres, wie Nate sagen würde. Die Vergangenheit fällt ab, und die Zukunft beginnt mit einem großen, lauten Knall. Ich habe noch keine Pläne gemacht, aber drei Wochen vor Weihnachten beschließen meine Eltern, Oma Rosie zu besuchen. Wir Kinder müssen natürlich mit.

Ich habe ein schlechtes Gewissen, weil ich sie nach dem Klinikaufenthalt kein einziges Mal besucht habe. Überhaupt habe ich nicht von mir hören lassen. Vielleicht, weil ich Oma Rosie nicht besonders gut einschätzen kann. Sie kommt aus einer Zeit, in der schlimme Dinge alltäglich waren. Das Leben musste trotzdem weitergehen. Ich weiß nicht, was sie sagen würde, wenn sie wüsste, dass meines stehengeblieben ist.

Sabri und ich stapfen durch den Schnee voran zu Oma Rosies gemütlichem kleinen Haus. Ich habe sogar mein Handy mitgenommen für den Fall, dass ich mich doch in den Tiefen des Internets verkriechen muss, um dieser Familiensituation zu entkommen. Nach meiner Begegnung mit Nate auf der Party habe ich es nicht mehr angeschaltet, und auch nicht nach seinem Auftritt im Garten. Aber wer weiß. Vielleicht ist es gut, wenn ich es dabeihabe.

Sabri klingelt, und ich werde unruhig. Ich habe mich ein bisschen herausgeputzt. Rock, Strumpfhose, dunkelblauer Pullover und Stiefel. Meine Augen sind sogar geschminkt. Ich finde, Oma Rosie verdient ein ordentliches Auftreten. Doch die Nervosität lässt sich nicht abschütteln, und Sabri drückt mir aufmunternd die Schulter, bevor die Tür aufgeht und unsere kleine, runzelige Großmutter zu uns heraufstrahlt.

»Na hallo!«, ruft sie und stellt sich auf die Zehenspitzen, um Sabri einen Kuss abzunehmen. Auch mich drückt sie fest und lange. Aus dem Inneren des Hauses ertönt leise Klassikmusik, und der Duft nach Zimt und Orangen beruhigt mich automatisch ein wenig.

Moms und Dads Schritte ertönen schon in der Auffahrt. Nachdem sich alle ausgiebig begrüßt und gedrückt haben, gehen wir hinein.

Als Kind habe ich hier unglaublich gerne viel Zeit verbracht. Oma Rosies Grundstück hat etwas Märchenhaftes. Auch Nate verbrachte hier immer gerne Zeit und verstand sich prächtig mit Oma Rosie. Aber je älter wir wurden, desto mehr hatten wir anderen Unsinn im Kopf.

Im Wohnzimmer angekommen, setzen wir uns alle an den langen, großen Esstisch, um erst mal Tee zu trinken. Ich weiß nicht, was Oma Rosie eigentlich mit diesem großen Tisch anfängt, da sie doch alleine lebt. Vermutlich steht er nur hier für solche seltenen Familienbesuche.

Mom sitzt mit Dad und Oma Rosie gegenüber von Sabri und mir. Ich habe das ungute Gefühl, gleich ausgefragt zu werden, und schaue Mom hilfesuchend an, die Oma Rosie sofort in einen ausgiebigen Smalltalk verwickelt. Jetzt habe ich Zeit, um durchzuatmen. Mich zu sammeln. Vorzubereiten auf jede mögliche Frage meines Befindens. Eine unangenehme Stimmung breitet sich aus. Sabri wird wegen der Schule ausgefragt. Natürlich läuft alles hervorragend, warum sollte man seiner Großmutter auch etwas anderes erzählen?

Moms Job läuft gut. Dads Job läuft gut. Alles läuft gut.

»Und wie schaut es mit dir aus, Liebes? Was wirst du jetzt tun? Mit Sicherheit wieder zur Schule gehen, nicht wahr?« Oma Rosie nimmt einen Schluck, ohne mich anzusehen.

Ich warte einen Augenblick, bevor ich antworte.

»Ich weiß es noch nicht. Aber wenn, dann kann ich sowieso erst im Sommer wieder anfangen, jetzt habe ich schon zu viel verpasst.« Das klingt doch ganz ordentlich.

Oma Rosie zieht eine dünne Augenbraue hoch, was Missbilligung ausdrückt.

»Häng dich halt rein. Du könntest jetzt noch alles aufholen.«

Mom tätschelt die Hand ihrer Mutter, auch wenn ich nicht weiß, was das bringen soll.

»Sakari muss selbst entscheiden, wann sie so weit ist.«

Ich bin froh darüber, dass sie das sagt. Ich sollte mich nachher dafür bedanken. In der Hoffnung, dass ich damit als Gesprächsthema abgehakt bin, möchte ich mich ins Bad verziehen, aber Oma Rosie ist noch nicht fertig.

»Ach Quatsch!«, sagt sie, und Sabri zieht scharf die Luft ein. Ich zucke bei ihrem harschen Tonfall zusammen. »Schlimme Dinge passieren eben. Ich sage nicht, dass es einfach ist«, redet sie weiter, spielt am Henkel ihrer Tasse herum, immer noch, ohne mich anzusehen.

»Zu meiner Zeit haben wir auch alle weitergemacht. Was blieb uns anderes übrig? Es ist doch auch schon einige Zeit vergangen, Liebes. Man muss einfach darüber hinwegkommen und es loswerden.« *Es.* Was versteht sie unter es? Wovon reden wir hier? Sprechen wir von einem Beinbruch? Einem Virus, den man wieder *loswird?*

Niemand kann etwas sagen, denn Oma Rosie spricht immer noch.

»Heutzutage kann man ja überhaupt nicht mehr rausgehen, ohne Angst zu haben! An jeder Ecke lauern irgendwelche dunklen Kerle, die sich über einen hermachen! Aber ich muss schon sagen ... die Mädchen heutzutage wissen auch nicht mehr, wie sie herumlaufen. Gehen in kurzen Hosen oder Miniröcken aus dem Haus. Da brauchen sie sich auch nicht zu wundern.«

Schneidende Stille. Ich sehe aus dem Augenwinkel, wie Sabri rot anläuft, Mom den Kopf einzieht und Dad mit großem Interesse die Uhr beäugt.

Mir bleibt nichts anderes übrig, als die Frage in die Stille zu werfen.

»Willst du sagen, Mädchen sind selber schuld, wenn sie einen Minirock anziehen und es passiert etwas?«

Endlich sieht sie mich an, mit ruhiger Bestimmtheit und einem harten Zug um den Mund.

»Frauen müssen verstehen, dass sie die Männer nicht zusätzlich provozieren sollten. Ich bin mir sicher, auch du hast aus deinem Fehler gelernt.«

Ich dachte, das Schweigen könnte nicht schlimmer werden. Ich hätte nie gedacht, dass meine eigene Großmutter, meine Familie, eine *Frau* dieser Familie, mich so sehr verletzen könnte. Mir klappt die Kinnlade herunter, doch bevor ich weiter reagieren kann, tritt Kari aus dem Schatten des Kamins und fängt an zu brüllen.

»Wie kann sie es wagen!« Ihre Wut ist nicht zu übersehen. Mit ihrer Herzchensonnenbrille, Plüschmantel und Joint hinterm Ohr stellt sie sich hinter mich und legt mir eine Hand auf die Schulter, als wolle sie ihren Zorn an mich weitergeben. Und tatsächlich staut sich da etwas in mir an, das wieder kratzt und beißt, herauswill, unbedingt gesagt werden will, aber ich kann nicht anders, als Oma Rosie anzustarren und Kari beim Schreien zuzuhören.

»Was fällt dir ein! Du bist meine Oma! Du bist eine Frau! Bin ich jetzt plötzlich schuld? Habe ich es zu verantworten? Hat jede gottverdammte Frau auf diesem Planeten es zu verantworten? Müssen wir etwa aufpassen, wie wir rumlaufen, damit uns keiner anfasst? Seit wann sind Vergewaltigungen etwas, was man einfach *loswird?* Seit wann ist das mein beschissener Fehler, aus dem ich gelernt haben muss?«

Starke Worte, Kari, das ist das Erste, was ich denke. Bis ich sehe, wie Oma Rosies Augen feucht schimmern und meine Mutter die Hand vor den Mund schlägt. Dad verschlingt die Uhr mit seinen Augen. Sabri starrt mich unverwandt von der Seite an. Dann begreife ich, dass dies nicht die Worte meiner Halluzination waren. Es waren meine.

Kari verpasst mir einen Klaps. »Gut gesagt, Schwester!«

»Danke«, antworte ich und ignoriere die Tatsache, dass niemand weiß, zu wem ich da gesprochen habe. Ich stehe auf und sehe Oma Rosie anklagend an. Das Kratzende und Beißende in mir hat einen Weg hinaus gefunden, und jetzt will es nicht mehr zurück.

In mir tobt ein Tsunami. »Frauen dürfen sich anziehen, wie sie wollen!«, keife ich sie an. »Ich darf mich anziehen, wie ich will! Niemandem gibt es das Recht, mir etwas anzutun! Das war nicht mein Fehler! Es war nicht meine Schuld! Keine Frau auf dieser Welt hat an so etwas Schuld!«

Während meine Stimme durch das Zimmer donnert, laufen Oma Rosie die Tränen über das Gesicht. Ich reiße meine Jacke vom Stuhl und ziehe sie über, ohne sie aus den Augen zu lassen.

»So etwas wird man nicht einfach los.«

Mit diesen Worten verlasse ich den Raum, lasse, was immer ich angerichtet habe, zurück und renne in den Schnee hinaus.

Kari hüpft kichernd und jubelnd hinter mir her. Am nächsten Feldweg bleibe ich stehen und schaue sie an. Mein Herz klopft so schnell, ich befürchte, gleich springt es aus meiner Brust und macht sich davon.

»Es war nicht meine Schuld«, flüstere ich. »Dass er das getan hat, das war nicht meine Schuld.«

»Ein Jammer, dass dir das jetzt erst klarwird«, sagt Kari.

Ich recke mein Gesicht gen Himmel und genieße die eiskalten Flocken auf meinen glühenden Wangen.

»Es war nicht meine Schuld«, wiederhole ich. Und das stimmt. Es war nicht meine Schuld.

13

In der Klinik fragte mich einmal meine Therapeutin, was ich täte, wenn die unerträglichen Gedanken kommen. Die schreienden Stimmen in meinem Kopf, die mich eines Nachts zur Brücke trieben, in der Nacht, als ich es nicht mehr schaffte, gegen sie anzukämpfen.

Ich glaube, sie rechnete mit so etwas wie: »Ich nehme Drogen« oder vielleicht sogar: »Ich verletze mich selbst.« In der Klinik habe ich viele solcher jungen Menschen gesehen, mit Verbänden um die Arme. Meine Therapeutin wollte immer nur, dass ich ehrlich bin. Und das war ich.

»Ich atme«, habe ich gesagt. Sie verstand nicht recht, was das bedeuten sollte. Fragend sah sie mich an, die Stirn leicht gerunzelt. Ich weiß noch genau, wie sie mich angesehen hat.

»Wie meinen Sie das?«

»Ich atme«, sagte ich noch einmal. »Ich höre mir beim Atmen zu.«

Sie wollte wissen, warum.

»Es erinnert mich daran, dass ich noch lebe.«

14

Ich spüre meine Hände kaum noch. Kari und ich spazieren nach Hause zurück. Immer wieder lasse ich den Abend Revue passieren und frage mich, wieso ich nicht einfach die Klappe gehalten habe. Soll Oma Rosie doch denken, was sie will. Wieso konnte ich es nicht einfach auf mir sitzenlassen?

Zum ersten Mal schweigt Kari über meine Gedanken. Stattdessen deutet sie auf das Handy in meiner Jackentasche. »Sabri ruft dich an. Er macht sich Sorgen.«

Ich schreibe meinem Bruder eine Nachricht, dass ich bald nach Hause käme, und starre mein Handy anschließend für eine Weile an. Nachrichten von Nate, die immer wieder aufploppen, weil ich sie mir nie angeschaut habe.

Ruf mich an.

Sakari, bitte melde dich.

Du fehlst mir.

Immer wieder steht es da. *Du fehlst mir.* Vielleicht ist es noch der Rest Euphorie in mir. Ich rufe meinen besten Freund an. Nate antwortet nach dem dritten Klingeln.

»Du bist es«, sagt er leise.

Ich kann nicht anders. Mein Grinsen ist so breit wie lange nicht mehr. »Wir sollten einen trinken gehen. Ich habe Oma Rosie eben zum Heulen gebracht und bin dann weggelaufen wie ein Kleinkind.«

Weil er Nate ist, so wie ich ihn schon immer geschätzt habe, fragt er nicht nach.

»Ich war schon immer ein Fan von Drama. Soll ich dich abholen?«

Nachdem ich aufgelegt habe, bekomme ich es mit der Angst zu tun. Kari legt beide Arme um mich und drückt mir einen Kuss auf die Wange, was wirklich ein merkwürdiges Gefühl ist.

»Wir werden eine Menge Spaß zusammen haben«, ruft sie aufgeregt und tanzt mir voraus. Ich klaube eine Zigarette heraus und zünde sie mit zittrigen Fingern an. »Er kann dich doch gar nicht sehen.«

»Dann solltest du ihm von mir erzählen!«

Ich lache sie aus. Kari wirft mir einen beleidigten Blick zu. »Wie soll man denn so etwas bitte jemandem erzählen?«, will ich wissen. Darauf weiß sie natürlich auch keine Antwort, aber das trübt ihre Stimmung keineswegs.

Nate ist viel schneller da, als ich erwartet habe. Sein Wagen hält am Straßenrand, und sein verwuschelter Kopf lugt aus dem Fenster. »Hallo, Kleines.«

Ich fühle mich seltsam befangen. Es hat noch nie einen Moment gegeben, in dem ich mich unwohl in Nates Gegenwart gefühlt habe. Oder richtig nervös war, außer bei unserem Kuss vielleicht. Es ist eigenartig, nicht entspannt zu sein, wenn er da ist. Fest entschlossen, das zu ignorieren, schlüpfe ich ins Auto und mache die Sitzheizung an.

»Hattest du einen Scheißabend?«, fragt er.

Ich seufze theatralisch. »Du hast ja keine Ahnung.«

Und so fahren wir in den Abend hinein. Es gibt kein richtiges Ziel, nur uns und die Straße und Kari. Sie zappelt wie ein aufgeregtes Kleinkind auf der Rückbank herum, und ich kann nicht anders, als immer wieder nach hinten zu schauen, bis Nate mich anstupst.

»Alles okay? Ist da irgendwas?«

»Äh ...« Ja, Nate, in deinem Auto sitzt ein von mir halluziniertes Mädchen, das zufälligerweise ich selber bin.

Kari verdreht die Augen. »So klingt das, als hättest du nicht mehr alle Tassen im Schrank!«

»Habe ich ja auch nicht«, murmele ich.

»Was hast du gesagt?«, fragt Nate, und ich schüttele eilig den Kopf.

Oje. Die folgenden Minuten verlaufen schweigend, bis Nate anfängt, mich anzusehen. Immer wieder wandert sein Blick zu mir herüber, kurz wieder auf die Straße und dann zurück zu mir. Meine Wangen glühen.

»Warum schaust du mich so an?«

»Es ist so schön, dich wiederzusehen.«

Irgendwo tief in mir drin flattert es. So etwas wie Freude vielleicht. »Also.« Nate atmet tief ein. »Fahren wir zu mir?«

Fast automatisch werfe ich Kari im Rückspiegel einen fragenden Blick zu. Sie lehnt sich selbstgefällig zurück und sagt: »Einen besseren Plan hat es nie gegeben!«

»Okay«, sage ich. Nate lächelt, und langsam, aber sicher lächele ich zurück.

15

Nates Haus liegt nur wenige Kilometer von meinem entfernt. Ich habe diese Straße in den letzten Monaten mit Absicht gemieden und bin erleichtert zu sehen, dass sich überhaupt nichts verändert hat. Ich war schon immer neidisch auf Nate gewesen, dass er in diesem Haus lebt, mit eigener Etage und einem großen Garten voller Apfelbäume. Als Kinder spielten wir jeden Tag dort. Nate parkt in der Auffahrt, und ich warte noch eine Weile, bevor ich mich abschnalle und ebenfalls aussteige. Fröhlich pfeifend schließt Nate die Tür auf, der Duft nach irgendwas Frischgebackenem schlägt mir entgegen, und bevor ich irgendwie reagieren kann, stehen Mary und Steve vor mir. Nate sieht genauso aus wie seine Mom. Er hat die gleichen blauen Augen wie sie, unergründlich und wunderschön. Sie hat ihren Sohn in jungem Alter bekommen, und selbst jetzt, da sich kleine Fältchen zeigen, könnte man immer noch denken, sie sei gerade in ihren Zwanzigern.

Ich finde, Steve sieht aus wie ein Schriftsteller. Auch er hat dieses zerzauste Haar wie Nate und diesen Blick. Wenn er mich anschaut, habe ich das Gefühl, meine Seele liegt so verletzlich und nackt da wie ein Neugeborenes.

Beide sind völlig aus dem Häuschen. »Sakari!«, Mary reißt mich in ihre Arme, Steve lächelt über das ganze Gesicht. Unwillkürlich schließe ich die Augen, als Nates Mutter mich so fest drückt. Ich wünschte, ich wäre schon früher gekommen.

Nate und ich klettern auf das Dach. Es ist flach und breit, genug Platz, um sich hinzulegen und in den Himmel zu starren. Wir haben dicke Decken, heiße Schokolade und leise Musik im Hintergrund. Wir haben das schon so oft gemacht, und trotzdem fühlt es sich wie das erste Mal an.

Ich hocke im Schneidersitz da und beobachte Nate, wie er mit geschlossenen Augen neben mir liegt, ganz entspannt, unbefangen, ganz anders als ich.

Kari balanciert am Rand des Dachs entlang. Sie summt zur Musik und beachtet uns gar nicht. Ich nippe am Bier und hoffe darauf, dass es endlich diesen Knoten in meiner Brust löst.

Heute Abend ist der Himmel sternenklar. Da ich nichts zu sagen weiß, zähle ich sie, bis es zu viele werden.

»Gibst du mir die Schuld?«, fragt Nate. Ich schaue wieder zu ihm runter, die Sterne und alles um mich herum sind vergessen.

»Ich war nicht da«, spricht er mit geschlossenen Augen weiter, seine Gesichtszüge immer noch weich und entspannt, als würde er gar nichts Bedeutendes sagen.

»Wir wollten eigentlich zusammen hingehen. Aber ich war nicht da.«

»Ich gebe dir nicht die Schuld«, antworte ich leise. »Ich frage mich nur, warum Männer überhaupt so etwas tun.«

Nate seufzt. »Und auch ich bin ein Mann.« Er öffnet die Augen, schaut mich nicht an, nur in die Ferne.

»Nein«, widerspreche ich. »Du bist mein bester Freund. Ich würde nie so von dir denken.«

»Dann sag es mir.«

»Was?«

Karis Summen wird lauter.

»Sag mir, warum.«

»Wovon sprichst du?«

»Warum du mich nicht angerufen hast. Warum du mich nicht sehen wolltest.«

Er setzt sich auf und sieht mir direkt ins Gesicht, beinahe anklagend. »Ich habe es von Sabri erfahren. Dein Bruder rief mich an und sagte es mir. Dein Bruder!«

Ich zucke zusammen. Davon wusste ich nichts. Ich habe nie wissen wollen, woher Nate es weiß. Mir ist der Gedanke schon unangenehm genug, dass es mehr Menschen wissen, als ich mir vorstellen kann. Nate wartet. Sein Blick nimmt etwas Verzweifeltes an, und ich bin erleichtert, dass der Alkohol endlich meine Zunge lockert.

»Ich habe mich geschämt.« Die Antwort schwebt zwischen uns, und ich kann dem weder etwas hinzufügen noch es zurücknehmen. Nate nimmt einen großen Schluck.

»Warum?«

Ich weiß nicht, ob es gut wäre weiterzusprechen. Noch ehrlicher zu sein und die Dinge zu sagen, die ich ihm die ganze Zeit nicht sagen konnte.

»Mach es einfach«, flötet Kari vom anderen Ende des Dachs.

Also gut. »Ich bin seit Ewigkeiten verliebt in dich. Du weißt das. Und an diesem Abend wollte ich endlich jemand anderen wollen. Wenn auch nur für einen Moment. Jemanden haben, der mir die Aufmerksamkeit schenkt, die ich immer von dir haben wollte. Ich wollte einfach ...«

Nate schaut mich so eindringlich an, dass ich weiß, ich kann keinen Rückzieher machen.

»Ich wollte einfach nicht mehr an dich denken. Und was dann passierte...« Ich konzentriere mich auf die Dose in meiner Hand, möchte sie am liebsten zerquetschen.

»Es ist nicht deine Schuld.«

Ich sage es noch einmal. »Ich wollte nur nicht, dass du mich so siehst. Nicht du. Ich konnte den Gedanken nicht ertragen, dass du siehst, was er mit mir gemacht hat, und ...«

Nate greift meine Handgelenke. Ich zucke wieder zusammen, aber nicht weil es sich schlecht anfühlt. Ich kann sehen, wie wütend er ist. Natürlich. Dieser Junge wurde nicht gefasst. Es gab keine Zeugen. Es gab nichts vorzuweisen, nur meine Verletzungen. Keine Anhaltspunkte, die ihn wirklich auffindbar machen würden. Leute aus aller Welt kommen hierher zum Sommerfest. Und er ist wieder dorthin zurückgekehrt, von wo er gekommen ist. Ich weiß, wie wütend das Nate macht.

»Ich bin nicht mehr dieselbe«, flüstere ich, so leise, dass Nate mich vielleicht gar nicht hört, auch wenn sein Gesicht nur eine Handbreit von mir entfernt ist. Natürlich hört er es doch.

»Du bist ganz genau dieselbe«, flüstert er zurück. »Und selbst wenn du es nicht wärst, würde das nichts ändern.« Er schaut mich so liebevoll an, dass ich heulen möchte. Die Mauer zwischen uns bröckelt, und ich kann sie nicht aufhalten. Aber ich möchte glauben ... nein. Ich beginne zu glauben, dass das gar nichts Schlechtes ist. Dass es ein Anfang ist.

Wir schauen uns lange an. Ich weiß nicht, ob Stunden oder nur Minuten verstreichen. Zeit existiert hier oben nicht.

»Ich kenne dich. Du zerbrichst, wenn du es nicht rauslässt. Wenn du den Schmerz nicht zulässt, dich ihm nicht stellst. Du bist der emotionalste Mensch, den ich kenne. *Sei* wütend. *Sei* traurig. *Sei* alles.«

Ach Nate. Es ist so typisch für dich, mir unter die Haut zu gehen.

Ich atme tief ein. »Okay.«

Mein Handy in der Jackentasche vibriert. Es ist Sabri. Nate zuckt entschuldigend mit den Schultern. »Ich habe ihm gesagt, dass du bei mir bist. Er ist hier, um dich abzuholen.«

Ich seufze. Kari wirkt enttäuscht und schlendert übers Dach zu uns zurück. »Jetzt, wo es am schönsten ist«, murmelt sie und verschwindet ins Haus zurück.

Unten angekommen, ist sie nicht mehr zu sehen. Ich schaue mich mehrmals um, aber keine Spur. Nate bringt mich zur Tür. »Sehen wir uns bald wieder?«, fragt er.

»Ja«, sage ich und meine es auch so. Sabri empfängt mich mit einem schiefen Lächeln. Schweigend steigen wir die Treppenstufen hinab auf den Gehweg Richtung Heimat.

»Oma Rosie ist fix und fertig«, sagt er.

»Tut mir leid«, sage ich leise.

Mein Bruder bleibt stehen, seine warmen Augen haben einen ernsten Ausdruck angenommen. »Entschuldige dich niemals für Dinge, die wahr sind.« Er strubbelt mir durchs Haar. Das hat er lange nicht getan.

Auf dem Weg zurück kann ich die Frage zwischen uns spüren, auch wenn ich nicht unbedingt mit meinem Bruder darüber reden will. Aber jetzt, da ich weiß, dass die Dinge eine andere Richtung nehmen müssen, breche ich zuerst das Schweigen.

»Spuck's schon aus.«

Sabri schaut zu mir rüber, unsicher, ob er meiner Aufforderung wirklich nachkommen soll.

»Du und Nate? Ich dachte fast schon ...«

Ich weiß, was er sagen möchte. Er dachte fast schon, diese Freundschaft sei vorbei. Ich zucke mit den Schultern. Heute fällt irgendwie alles leichter zu sagen. »So eine Freundschaft kann nicht einfach enden.« Jetzt, da ich es ausspreche, erkenne ich die Wahrheit dieser Worte. Es ist eine der beiden großen Wahrheiten, die ich heute ausgesprochen habe. Aber diese bringt zum Glück niemanden zum Weinen.

16

Zwei Tage vor Weihnachten rufe ich Oma Rosie an und entschuldige mich bei ihr. Auch sie entschuldigt sich. Nicht direkt für das, was sie gesagt hat, oder wie sehr sie mich damit verletzt hat, sondern vermutlich einfach, damit ich nicht die Einzige bin, die sich entschuldigt.

Ich entschuldige mich nicht, weil es mir leidtut. Ich entschuldige mich, damit Weihnachten kein Abend voll ungeklärter, unpassender Spannungen wird. Ich tue es für meine Eltern und meinen Bruder. Manchmal muss man das.

Weihnachten selbst wird eine richtige Party. Sobald Oma Rosie mit dem Taxi nach Hause abgefahren ist, holt Dad den Whiskey raus. Mom bleibt wie immer bei ihrem Wein, und Sabri trinkt Bier. Ich trinke von allem etwas, bis sich alles anfängt zu drehen und ich ins Bad laufe, um mich zu übergeben. Mein Bruder hält mir die Haare und lacht sich kaputt. Es ist fast wie jedes Jahr.

Sie bringen mich alle zusammen ins Bett, ich werde geküsst und gedrückt und schlafe mit dem Gefühl ein, irgendwas richtig gemacht zu haben.

Am ersten Weihnachtstag kommt Nate vorbei. Dad liegt verkatert auf der Couch, aber lächelt trotzdem von ganzem Herzen, als er ins Wohnzimmer kommt, um alle zu begrüßen. Ich meine, das ganze Haus vor Erleichterung aufatmen zu hören. Nate ist wieder da.

Wir liegen in meinem Zimmer auf dem Bett und gucken fern. Wie still er daliegt, in seiner gewohnten Position, eine Hand auf dem Bettlaken ruhend, die andere hinter dem Kopf und das Kinn leicht angehoben, als würde er den Fernseher von oben herab betrachten. Er merkt, dass ich ihn beobachte, und kann sein Grinsen nicht zurückhalten. Wie immer.

»Warum guckst du denn so?«, fragt er.

Ich schaue zurück zum Bildschirm. »Es ist genauso wie immer.«

Sein Grinsen wird breiter. Ich weiß nicht, ob es eine Art Bauchentscheidung für ihn ist. Eine innere Stimme, die ihn dazu bringt, oder so was wie ein fehlgeleiteter Instinkt. Aber er streckt seine Hand aus und legt sie in meinen Nacken, streicht mir sanft über die Haut.

Ich zucke zusammen und versteife mich so stark, dass Nate seine Hand sofort zurückzieht, als hätte er sich an mir verbrannt. Sein Grinsen ist verschwunden. Ich weiß nicht, was ich sagen soll.

Das Problem mit der Zeit ist, dass die Welt ihr egal ist. Sie vergeht einfach. Tag für Tag, Stunde für Stunde, Minute für Minute. Ein halbes Jahr ist plötzlich nur noch ein Wimpernschlag. Und ich sitze hier und bin nicht hinterhergekommen. Auch ich bin der Zeit egal. Denn egal, wie schnell sie vergeht, oder wie langsam, ich hänge in ihr fest. Ich bewege mich kein Stück vorwärts. Es geht mir weder besser noch schlechter. Es geht mir einfach so, wie es mir eben geht. Ich denke zu viel und sage zu wenig. Ich bewege mich durch die Tage und lebe kaum.

Es ist nicht richtig. Es kann unmöglich richtig so sein. Nate ist so weit wie möglich von mir abgerückt. Wenn er so weitermacht, fällt er vom Bett. Ich weiß, dass er einfach nur Rücksicht nehmen möchte, aber dieses Bild ist so unglaublich falsch, diese ganze Situation ist so falsch, dass ich am liebsten laut aufgeschrien hätte.

Stattdessen atme ich tief ein und schließe die Augen. »Tu es noch mal«, sage ich. Ich konzentriere mich auf die Dunkelheit hinter meinen Lidern.

»Was?« Ich muss ihn nicht angucken, um zu wissen, wie verwirrt er gerade ausschaut.

Ich strecke meine Hand aus, fühle seinen Arm und bewege ihn zu mir. Ganz langsam und zaghaft berührt er noch mal meinen Nacken. Ich atme tief ein.

Das ist Nate. Das ist meine Jugendliebe. Mein bester Freund. Das ist nicht *er.*

Die Minuten verstreichen, ich weiß nicht, wie lange er das tut, aber irgendwann fühle ich mich richtig wohl und entspannt. Ganz unwillkürlich lächele ich mit geschlossenen Augen und sage: »Das ist schön.«

Ich spüre einen leichten Lufthauch und Karis warme Lippen an meinem Ohr. »Natürlich ist es das«, flüstert sie.

Ich öffne die Augen, doch da sind nur Nate und ich im Raum.

Ich schaue Nate an, und er schaut zurück, mit dem wärmsten Blick, den ich je gesehen habe.

»Alles okay?« Ich nicke. Er massiert und krault meinen Nacken so lange, bis ich einschlafe. Am nächsten Morgen finde ich ihn in der Küche mit meinen Eltern und meinem Bruder beim Frühstück.

Ich setze mich mit meinem Kakao auf die Küchentheke (etwas, das meine Mutter überhaupt nicht leiden kann) und beobachte meine Familie. Sie beachten mich kaum, so sehr sind sie mit Nate beschäftigt. Sein Anblick ist unglaublich wohltuend. Wie er meine Mom mit albernen Sprüchen zum Lachen bringt und sich scherzhaft mit meinem Bruder zu messen versucht. Vielleicht irre ich mich ja. Vielleicht bin ich der Zeit ja doch nicht egal.

17

Silvester. Mann, ich liebe Silvester. Na ja ... Kari liebt Silvester. Ich bin dieses Jahr eher unruhig und nervös. Ruhelos tigere ich durchs Haus, weiß nicht so recht, wohin mit mir. Alex hat mich auf ihre Hausparty eingeladen, und es werden viele Menschen da sein. Sie meinte, es wäre nicht schlimm, wenn ich nicht käme, aber hier zu Hause rumsitzen fühlt sich auch nicht gerade richtig an.

Pünktlich um sieben werde ich von Kari belagert. Sie hat sich natürlich richtig herausgeputzt. Ein blau schimmerndes, leicht glitzerndes Partykleid, hochgesteckte Haare, knallroter Lippenstift und hohe Schuhe, auf denen ich keine zwei Meter gehen könnte. Gut gelaunt wie immer tänzelt sie um mich herum und steigert meine Nervosität.

»So kannst du ja wohl nicht gehen«, sagt sie vorwurfsvoll und deutet mit nach unten gezogenen Mundwinkeln auf mein Schlabbershirt, kombiniert mit Jogginghose.

»Warum eigentlich nicht«, gebe ich genervt zurück und öffne meinen Kleiderschrank.

»Stell dich nicht so an«, flötet Kari und begutachtet mein Klamottenchaos ausgiebig. Ich reiße ein paar Tops heraus, die halbwegs akzeptabel aussehen. Kari betrachtet jedes davon argwöhnisch und schüttelt immer wieder den Kopf. »Nein, das ist zu blass. Das ist zu langweilig. Das ist zu alt.« Wenn das so weitergeht, erscheine ich einfach im Müllsack.

»Du hast doch ein paar Kleider!«, ruft Kari und deutet auf ein schwarzes, trägerloses Spitzenkleid, das in meinem Schrank hängt. »Das ist viel zu overdressed«, gebe ich zurück.

Es klopft, und mein Vater kommt rein. »Mit wem redest du denn?«, fragt er verwundert. Kari kichert.

»Nur mit mir selbst«, sage ich schnell. Dad legt mir einen Stapel Wäsche aufs Bett. »Du bist ganz schön seltsam dieser Tage«, sagt er und gibt mir einen Kuss auf den Kopf, bevor er geht.

Kari und ich begutachten den Stapel Klamotten, den er hereingebracht hat. Ein paar Tops, eine Jacke und eine Jeans. Ich ziehe sie vorsichtig unter den anderen Sachen hervor und lasse sie sofort wieder fallen. Da liegt sie. Meine Lieblingsjeans. Ich hatte sie zu dem Fest im Sommer an, weil sie so schön stretchig ist und eine echt gute Figur macht.

Jetzt liegt sie da, mein Dad hat sie vermutlich in der Wäschekammer gefunden. Dahin hatte ich sie verbannt, nachdem die Polizei sie mir zurückgeschickt hat, ohne etwas Hilfreiches zu finden. Kari schaut genauso benommen auf das Teil wie ich. Vorsichtig nehme ich sie wieder in die Hand und schaue zu meinem zweiten Ich herüber.

Kari scheint zu überlegen. »Zieh sie doch an«, sagt sie schließlich. »Diese Jeans ist wirklich cool.« Ich weiß, dass sie cool ist. Ich habe sie unglaublich oft getragen. Nur war sie nach dem Fest im Juni blutverschmiert, und dieses Bild brennt sich mir so lebendig ein, dass ich Kopfschmerzen kriege und mir übel wird. Hektisch ziehe ich die Hosenbeine auseinander und suche nach Flecken, irgendwas, das mich unmittelbar daran erinnern könnte.

Doch da ist nichts. Es ist alles rausgewaschen. Jede Spur von Schmerz. Mein Blick wandert zum Bett, und da ist das Shirt, das ich zu dieser Jeans an jenem Abend trug. Schwarz, mit weiß-roter, schnörkeliger Schrift auf der Brust. »Vielleicht sollte ich die Sachen verbrennen«, bringe ich zwischen zusammengebissenen Zähnen hervor.

Kari schüttelt den Kopf und deutet wieder auf die Jeans. »Sie kann doch nichts dafür.« Irgendwie süß, wie sie einer Jeans Gefühle zuschreibt. Und irgendwie möchte ich mich ihrem Gedanken anschließen.

Ich entscheide mich für ein rotes, paillettenbesetztes Top und schwarze, bequeme Schuhe.

Aufgebrezelt und startklar, schreiten wir zur Haustür. Meine Eltern lugen neugierig aus der Küche und machen große Augen.

»Sakari Weber! Die Jeans steht dir ja wirklich toll!«

Ich grinse Mom an, mache eine Drehung und winke noch einmal.

Wo sie recht hat, hat sie recht.

Es ist 23 Uhr. Etwa fünf Gläser sind zerbrochen, eine ganze Menge Alkohol auf dem Teppichboden gelandet, und ein Mädchen blockiert das Badezimmer, weil sie sich übergeben muss. Ich würde sagen, eine gelungene Party.

Sabri ist nachgekommen, obwohl ich eigentlich dachte, er würde heute Abend was mit seinen Jungs machen. Jetzt sitzt er mit einem blonden Mädchen auf der Couch und amüsiert sich.

Alex ist so betrunken, dass sie sich um das ganze Chaos nicht schert. Mal tanzt sie durch das Wohnzimmer, mal torkelt sie zum Balkon, mal kommt sie zu mir, weil ich den Anschluss nicht so ganz finde. Kari folgt mir auf Schritt und Tritt. Immer wieder versucht sie, mich zum Tanzen zu bringen.

Ich bin ehrlich. Ich weiß nicht, was ich hier soll. Je mehr ich trinke, desto unwohler fühle ich mich. Nate antwortet mir nicht auf meine Nachrichten. Eigentlich war er auch eingeladen, aber anscheinend hat er andere Pläne.

Gegen kurz vor zwölf klaut sich ein klein geratener Junge mit Ohrringen Alex' Bademantel und rennt wie ein Wahnsinniger in der Auffahrt mit einer Kinderpistole herum. Ich brauche frische Luft und beobachte ihn zusammen mit Kari, Alex und einer Gruppe von Partygästen, die ein bisschen böllern wollen. Nachdem dieser merkwürdige Junge die Lust verloren hat, kommt er zu uns. Er mustert mich von oben bis unten. Alex hat sich an mich gelehnt, ich lege den Arm um sie, damit sie nicht umkippt. Der Junge hebt seine Pistole und deutet damit auf mich. »Bist du nicht diese eine?«

Ich lege den Kopf schief. »Hm?«

»Du bist doch diese eine, die auf dem Sommerfest …« Keine Ahnung, wie Alex das in ihrem Zustand schafft, aber sie stellt sich vor mich und schubst den Jungen ein gutes Stück zurück.

»Sie ist nicht *diese eine.* Das ist Sakari. Mach, dass du wegkommst.«

Das scheint ihm nicht zu gefallen. Er protestiert lautstark, sagt hässliche Dinge, bis Alex ihm die Kinderwaffe aus der Hand schlägt und mit ein paar einfachen Handgriffen ihren Bademantel wieder an sich nimmt. Der Junge macht sich fluchend davon. Völlig perplex schaue ich Alex an, die sich wieder an mich lehnt und in den mit Farben explodierenden Himmel schaut.

»Das war nicht nötig«, sage ich zu ihr.

»Du bist meine Freundin. So was machen Freunde.«

Aneinandergelehnt stehen wir da und schauen dem Himmel beim Feiern zu.

18

Einmal fragte meine Therapeutin mich, ob ich gläubig sei. So richtig religiös, mit allem Drum und Dran, jeden Sonntag in der Kirche und so weiter. Ich wurde nach keinem bestimmten Glauben erzogen, und im Endeffekt überließen meine Eltern mir die Sache selbst. Ich bin weder konfirmiert, noch gehe ich in die Kirche. Aber ich sagte meiner Therapeutin, dass ich an das Universum glaube. Ich glaube an Ursache und Wirkung. Ich glaube, dass es bestimmte Zufälle nicht geben kann. Dass bestimmte Begegnungen unmöglich Zufall sein können. Ganz besonders die guten nicht.

Ich glaube, dass wir manchmal zu einer bestimmten Zeit an einem bestimmten Ort sein müssen. Auf dem Weg nach Hause mit Kari, wir beide über das Eis rutschend, die Kälte im Nacken und Alkohol im Blut, stolpere ich in einen betrunkenen Passanten, der ebenfalls kaum noch geradeaus laufen kann.

»Entschuldigung!«, lallt er. Es ist ein hochgewachsener junger Mann, das Kinn im Kragen versteckt und die Mütze tief ins Gesicht gezogen. Wir sind die beiden Einzigen auf der Straße in Richtung Heimat. Ich winke ab und versuche, mich an ihm vorbeizuschieben, als ich sein Gesicht erkenne und er das meine.

Stumm stehen wir da. Ich starre ihn an, in seine braunen Hundeaugen, die mir schon bei unserer ersten Begegnung aufgefallen sind.

»Hallo«, sage ich.

»Hallo zurück«, antwortet er. Er ist der jüngste Polizist, den ich je gesehen habe. Das fiel mir damals sofort auf. Ich weiß noch genau, wie schrecklich überfordert er war, als er mit seinem Partner ins Krankenhaus kam, weil eine Schwester nach meiner Ankunft die Polizei gerufen hatte. Zusammen saß er mit mir in einem unbelegten Krankenzimmer, dazu da, um mir Fragen zu stellen, deren Antworten vielleicht zum *Täter* führen könnten.

Ich weiß noch genau, wie ich mich in die hinterste Ecke drückte, weinend und verängstigt, so als wäre *er* immer noch da. Der junge Polizist wusste nicht, was er tun sollte. So eine Situation kannte er nicht. Er war mir nicht gewachsen. Trotzdem stellte er mir ganz ruhig seine Fragen. Ganz vorsichtig, weil er sich vielleicht vorstellen konnte, wie schmerzhaft es war in diesem Moment, all das zu beantworten, was ich selbst nicht glauben konnte.

Sie mussten mich zur Wache fahren, für die Vernehmung. Ich stolperte zum Streifenwagen, er hielt mir die Tür auf, und ich konnte nicht einsteigen.

»Ich ... ich kann nicht«, habe ich gesagt. »Ich k-kann mich nicht hinsetzen.«

Er nickte. Er wusste, dass ich Schmerzen hatte. Er wartete so lange mit mir, bis ich es irgendwie über mich brachte und mich auf der Rückbank zusammenkauerte. Er brachte mich ins Gebäude der Polizeistation, wartete weiterhin mit mir auf die Zuständigen für die Vernehmung, und als sein Job getan war, sagte er: »Alles Gute.«

Jetzt steht er hier vor mir, und aus irgendeinem Grund, irgendeinem Bauchgefühl, ich weiß es nicht genau, beuge ich mich vor.

»Danke«, sage ich zu ihm.

Er zieht seine hellen Brauen hoch. »Was?«

»Danke, dass Sie mit mir gewartet haben. Ich wünsche Ihnen ein frohes neues Jahr.«

Ich warte seine Reaktion nicht ab und laufe schleunigst weiter. Ich denke an das Universum. Daran, wie unwahrscheinlich es war, diesem Mann hier und heute zu begegnen, und wie logisch es sich trotzdem anfühlt. So, als hätte das Universum ihn geschickt, damit er sich sein wohlverdientes Dankeschön abholen und sehen kann, dass es dem Mädchen, dem er damals alles Gute wünschte, besser geht.

Es ist der erste Morgen des neuen Jahres. Ich habe nicht geschlafen. Kari ist noch nicht gegangen. Ich sitze auf dem Fußboden, das Bild in meinen Händen. Das Bild, das ich in der Nacht malte, als ich zur Brücke ging. Es ist das einzige, das ich nicht beendet habe. Ich wüsste gerne, wo das Gefühl hin ist. Das Bedürfnis, einen Pinsel in die Hand zu nehmen und zu malen, etwas zu erschaffen, das aus dem tiefsten Inneren kommt. Ich streiche über die schon lange getrocknete Farbe. Lasse das gesamte letzte Jahr Revue passieren, immer und immer wieder. Der Sommer fing so schön an. Er war voller Versprechen. Ich denke daran, wie ich am letzten Schultag aus dem Gebäude tanzte, ein Grinsen im Gesicht, zu allem bereit, während Nate so wie immer auf dem Parkplatz auf mich wartete. Ich denke an den Schmerz. An die Nächte, in denen ich das Licht anließ, damit die Schatten mich nicht heimsuchten. Ich denke an die zitternde Stimme meines Bruders, als er mich am Morgen nach jenem Abend im Garten fand. Ich denke an die Tränen meiner Mom und die Wut meines Vaters. Ich denke an all das, was nie hätte passieren dürfen. An all das, was trotzdem passiert ist. Meine Wutausbrüche. Nächte, in denen ich zur Flasche griff, ohne dass es etwas zu feiern gegeben hätte. Und die Nacht auf der Brücke. Immer und immer wieder.

»Warum bin ich nicht gesprungen?«, frage ich die Wände, den Tisch, das Bett, das Bild in meinem Schoß. Kari kommt zu mir und setzt sich neben mich.

»Weil du wusstest, dass da noch etwas kommt.« Sie lächelt mein Lächeln. Ein Lächeln, das ich lange nicht mehr gelächelt habe.

»Und was?«

»Liebe.« Noch im selben Moment, in dem sie es sagt, vibriert mein Handy in meiner Jacke. Ich weiß, wer es ist.

»Nate«, flüstere ich. Er atmet schwer, als wäre er gerannt.

»Sakari«, flüstert er zurück. Ich manövriere mich selbst in Gedanken an einen Ort, an dem es nur mich und ihn gibt. Keine Zukunft, keine Vergangenheit, keine Gegenwart. Nur uns und alles, was wir teilen.

»Ich habe die Party wohl verpasst«, stellt er fest.

»Das hast du wohl.«

»Es tut mir leid.«

Das interessiert mich nicht. Mir ist egal, was er Besseres zu tun hatte. Mich interessiert nur seine Stimme, warm wie heiße Schokolade im Winter. Ich spüre etwas Nasses auf meinen Wangen und schließe die Augen.

»Frohes neues Jahr«, sagt Nate.

Ich kann es fühlen. Vielleicht ist der schlimmste Teil noch nicht überstanden. Die Schatten haben mich noch nicht verlassen. Es ist noch nicht vorbei. Aber etwas Neues hat begonnen. Etwas Wichtiges.

»Frohes neues Jahr.« Ich öffne die Augen.

TEIL 2

19

Ich bin nicht mehr so blass. Meine Haut hat wieder ihre natürliche Bräune angenommen. Ich verbringe viel Zeit mit Alex. Wir trinken Cocktails, gehen shoppen, leihen uns gegenseitig Klamotten aus.

Ich beginne, darüber zu sprechen. Zuerst ganz langsam, vorsichtig, herantastend. Auch mit Nate. Es wird einfacher, je mehr ich mich daran gewöhne, dass niemand schreiend wegläuft, wenn ich den Mund aufmache und über meine Gefühle spreche. Ich erzähle Dad morgens beim Frühstück von meinen Albträumen. Dass ich träume, es passiere noch einmal. Dass ich von einem Menschen ohne Gesicht träume, weil ich mich nicht an *sein* Gesicht erinnere. Meinem Bruder davon, dass meine Panikattacken weniger geworden sind. Abends, mit einem Glas Wein, erzählt Mom mir von ihren Erfahrungen mit Männern. Davon, dass es kaum eine Frau auf diesem Planeten gibt, die sich noch nie unwohl in der Nähe eines Mannes gefühlt hat. Schon komisch, wenn man darüber nachdenkt. Ich habe mein ganzes Leben lang von diesen Dingen gewusst. Ich wusste, dass Männer gefährlich sein können. Aber wenn dir ein Junge über den Weg läuft, der genauso normal zu sein scheint wie jeder andere auch? Kaum ein paar Jahre älter? Ist es wirklich das, was man im Hinterkopf behält? Dass man vorsichtig sein muss?

Ist es das, woran man zuerst denkt? Anstatt daran, dass er

vielleicht einfach nur ehrlich interessiert ist? Oder tut man das erst nach all diesen Erfahrungen? Muss man erst die schlimmste Erfahrung machen als Frau? Ist es das, was die Welt einem aufdrückt? Vertraue keinem Mann, bis der eine auftaucht, dem du wirklich vertrauen kannst? Und woher sollst du wissen, dass es nicht auch in ihm steckt?

Eigentlich will ich nicht darüber nachdenken. Am liebsten will ich nie wieder darüber nachdenken. Schwierig, wenn es zugleich alles ist, woran man jeden Tag denkt. Vielleicht erinnere ich mich weniger. Es überrollt mich nicht mehr wie eine Ozeanwelle, stürmisch, übermannend. Aber es ist immer noch da.

Es wird immer da sein. Ich werde für immer damit leben müssen. Ich werde dieses Gefühl immer kennen. Ich werde nie wieder das Mädchen sein, das diese Geschichte nicht durchlebt hat. Nie wieder das Mädchen, das sich nicht mal ansatzweise vorstellen kann, wie es sein muss. Dieser Zug ist abgefahren. Ich kann nicht mehr zurück.

Also. Wie lebt man mit etwas, womit man eigentlich nicht leben kann? Wie macht man jeden Tag mit dem Wissen weiter, mit dem Wissen von etwas, was man nicht wissen sollte? Was kein Mensch jemals wissen sollte?

Kurz vor meiner Entlassung aus der Klinik fragte ich meine Therapeutin. Sie sagte: »Ein ganzes Leben ist lang. Sie werden einen Weg finden.«

Ich fragte: »Wie?«

»Es ist nicht ungeschehen zu machen. Das Schlechte auf der Welt existiert. Es ist eben einfach so. Aber Sie finden einen Weg. Da bin ich mir sicher.«

Sie hat recht. Es ist nicht ungeschehen zu machen. Das Schlechte auf der Welt existiert. Aber Dinge wie diese sollten nicht passieren. Dürften nicht existieren. Sie sind falsch. So falsch, dass ich es nicht in Worten auszudrücken vermag. Es wird Kindern angetan. Frauen überall auf der Welt, Frauen, denen nicht geholfen wird. Männern passiert es. Es passiert überall, und ich kann nicht in Worte fassen, wie verkehrt es ist. Also. Wie lebt man damit?

Am ersten warmen Tag sitze ich mit Kari auf der Bank. Dort, wo ich mit meinem zweiten Ich Wahrheit oder Pflicht gespielt habe. Ich stelle ihm die gleiche Frage wie meiner Therapeutin.

Die Nase in den Wind gereckt, ihre Augen hinter der Herzchensonnenbrille geschlossen, schürzt Kari leicht die Lippen, bevor sie antwortet.

»Es liegt nicht in deiner Natur aufzugeben.«

Ich verdrehe die Augen. *Das* also ist es. Logisch.

»Du wirst es sehen«, sagt sie.

»Und was?«

»Den Grund, warum du weitermachst.«

Vielleicht nicht zufriedenstellend, aber mir gefällt ihre Antwort.

20

Es ist Frühling. Alles blüht auf. Alles erwacht. Sonnenlicht vertreibt die Totenstarre des Winters. Es ist die Zeit, in der ich lautstark unter der Dusche singe, ohne darüber nachzudenken. Manchmal fange ich aus heiterem Himmel an, gute Laune zu verbreiten. Ja, *ich.* Nate und ich verbringen jetzt wieder jeden Tag miteinander. Er hilft mir beim Lernen für das nächste Schuljahr, ich hole ihn manchmal ab, wenn er bei seinem Onkel in der Werkstatt mit anpackt.

Wir treiben so dahin. Nate hat keine klare Zukunft vor Augen; er könnte studieren, wenn er wollte, eine Lehre machen oder sonst etwas mit seinem guten Abschluss. Mir sagt er, dass er sich noch nicht entscheiden will. Aber wie ich ihn kenne, wird ihm von einem Tag auf den anderen etwas Grandioses einfallen.

Kari tritt seltener in Erscheinung. Ich habe mich dennoch so an ihre Gegenwart gewöhnt, dass ich nicht mehr darauf achte, in meinem Kopf zu antworten, wenn sie spricht. Ich schätze, Nate, Alex und meine Familie, die Menschen, mit denen ich Zeit verbringe, tun es einfach als Nachwirkung des Wahnsinns ab. Hier und da Selbstgespräche, was ist schon dabei?

Der Junge ohne Gesicht sucht mich kaum noch heim. Mein Schlaf ist traumlos, tief und lang.

Sabri hat jetzt Frühjahrsferien. Meine Eltern wollen für eine Woche in ein Ferienhaus, an die Nordsee, wir alle zusammen.

Als Sabri und ich Kinder waren, waren wir jedes Wochenende dort. Aber je älter wir wurden, desto weniger konnten wir mit der Ruhe etwas anfangen. Jetzt freue ich mich auf das Meer und den Strand.

Sonntag früh, es ist der erste Märztag, kommt Nate noch vorbei. Ich habe nicht viel eingepackt, hauptsächlich Bücher. Er trägt meine Tasche zum Auto. Und da stehen wir. Nate und ich. Sein Haar steht heute noch wilder ab als sonst. Ein merkwürdiges Lächeln ruht auf seinen Lippen.

Ich glaube, das ist einer dieser besonderen Momente zwischen zwei Menschen. Keiner weiß wirklich, was er sagen soll, aber die Blicke sprechen mehr aus, als Worte es jemals könnten.

»Grüß die See von mir«, sagt Nate.

»Pass auf dich auf«, sage ich zurück. Kurz bevor er geht, berührt Nate meine Wange. Auf der Straße dreht er sich nicht mehr um. Ich wünschte, ich könnte die Berührung festhalten, mitnehmen, immer und immer wieder spüren, einfach, weil sie so wunderbar unschuldig ist. Aber alles, was ich tun kann, ist, ihm nachzusehen.

Das Haus liegt komplett einsam und abgelegen zwischen den Dünen. Es hat blaue Fenster und eine altmodische Veranda. Fast wie aus einem Kinderbuch entsprungen. Wenn man den Balkon der oberen Etage betritt, sieht man nichts als das Meer. Blau, so weit das Auge reicht. Und egal, wie kalt und windig es hier draußen ist, ich würde einiges für diesen Anblick in Kauf nehmen.

Am frühen Nachmittag machen meine Eltern ein Nickerchen. Mein Bruder und ich gehen runter zum Strand, rennen durch den Sand, werfen kleine Steine und benehmen uns wieder wie kleine Kinder. Ich darf ihn bis zum Kinn einbuddeln. Bevor er sich befreit hat, stehe ich schon mit hochgekrempelter Jeans im Wasser und kreische mit den Möwen. Sabri stürzt sich auf mich und schmeißt mich in die Fluten. Es ist so kalt, dass ich keinen Laut von mir geben kann. Wir vollführen einen Geschwistertanz, den nur Geschwister verstehen können. Am Ende liegen wir klatschnass, voller Sand und Algen im Gesicht, am Ufer und starren in den Himmel.

Ich weiß nicht genau, warum. Aber wir lachen. Laut und haltlos.

Wir lachen, bis wir uns die Bäuche halten. Ich weiß nicht, wann wir aufgehört haben.

21

Ich traf den Jungen zwei Tage nach unserer Ankunft. Die nächtlichen Geräusche rissen mich aus dem Schlaf und ließen mich bis zum Morgengrauen wach liegen. Als ich es nicht mehr aushielt, schlich ich aus dem Haus, zum Meer hinunter. Die Wellen rauschten leise und beruhigend. Ich beobachtete den graugelben Morgenhimmel und wünschte, ich hätte etwas zum Malen mitgenommen.

Wie ich so dastand, in Gedanken versunken, hätte ich ihn kaum bemerkt. Barfuß trotz der Kälte, in Shorts und einem Sweatshirt wanderte er am Ufer entlang, bis er plötzlich direkt neben mir stand. Er sah gut aus. Sein dichtes braunschwarzes Haar kräuselte sich leicht im Wind, mit zusammengekniffenen dunklen Augen lächelte er mich an, ein Lächeln, das von feinen Grübchen unterstrichen wurde. Er hätte einem Hollywoodfilm entsprungen sein können, und ich war mir nicht sicher, ob ich nicht vielleicht doch träumte. Ich stand nur da und starrte ihn an, bis er auf mich zustapfte und mir die Hand reichte. »Josh«, stellte er sich vor.

»Sakari«, sagte ich. Vielleicht war er betrunken. Oder ein morgendlicher, noch nicht recht wach gewordener Spaziergänger, so wie ich.

»Ihr wohnt in dem Ferienhaus, oder?«, fragte er und deutete über die Dünen hinweg in die unsichtbare Ferne. »Ich bin sozusagen euer Nachbar. Viertelstunde Fußweg. Auch direkt am Meer.«

»Bist du mit deiner Familie hier?«, fragte ich leicht schlaftrunken. Er schüttelte den Kopf. »Ich bin alleine.« Die Aussage kam mir seltsam vor. Was will man hier alleine? »Konntest du auch nicht schlafen?«, fragte er mich. Ich zuckte mit den Schultern. »Schlaflosigkeit ist eine meiner besten Freundinnen.« Er schmunzelte. »Ein Spaziergang am Strand wird bestimmt helfen.« Ich gab ein knappes Lächeln zurück. Für mich schien die Unterhaltung damit beendet. Doch dann sagte er zu mir: »Du bist wunderschön.« Ich spürte, wie mein versucht standhafter Blick entgleiste.

»Wie bitte?«

Sein Schmunzeln wurde zum Lächeln. »Sorry. Die Seeluft lockert wohl meine Zunge. War nur nett gemeint. Ich hoffe, du kannst doch noch etwas schlafen.«

Bevor ich antworten konnte, drehte er sich um und ging die Dünen hinauf.

Den ganzen Vormittag bin ich mit dem Gedanken bei Josh. Du bist wunderschön. Einfach so. Wer sagt denn so was einfach so? Konnte ich nicht glauben, dass ich wunderschön war? Oder hatte er mir Angst gemacht? Eigentlich erschien er mir nicht sonderlich bedrohlich. Doch was sagt das schon. Aber ich kann mich weder auf mein Buch konzentrieren noch auf die schöne Aussicht aus meinem Fenster. Warum geht mir diese Begegnung nicht aus dem Kopf? Ich werde unruhig und gehe ins Bad. Bum, Kari hockt auf dem Badewannenrand und grinst mich an.

»Irgendwann kriege ich noch einen Herzinfarkt!« Mit klopfendem Herzen stelle ich den Wasserhahn an und halte meine Hände unter das Wasser.

»Das ist so ein wunderbarer Ort«, übergeht Kari meine Bemerkung und sieht sich mit verträumtem Blick um.

»Ja, das Badezimmer ist schon toll«, sage ich und deute auf die Dusche. »Und dieser Duschvorhang erst!«

Sie kneift die Augen zusammen. »Hast einen Clown gefrühstückt, was? Schade, dass ihr kaum noch hierherkommt.«

Ich zucke mit den Schultern. Schätze, das ist der Lauf der Dinge. »Dieses Haus, dieser Strand, beides hat Magie«, sagt Kari und sieht sich mit Augen um, die mehr als nur die weißen Wände des Badezimmers zu sehen scheinen.

»Du hast zu viel geraucht«, gebe ich zurück und spritze ihr kaltes Wasser ins Gesicht. Kari quietscht und hüpft mir lachend hinterher, als ich hinunter zur Veranda gehe, auf der meine Mutter in Decken gewickelt auf einem Liegestuhl auf die Nordsee schaut.

»Guck mal, mit wem dein Vater da redet«, sagt sie und deutet in Richtung Strand. Mein Herz macht einen merkwürdigen Hüpfer, als ich sehe, dass es meine morgendliche Begegnung ist.

Mein Vater scheint sich über irgendetwas, das er sagt, köstlich zu amüsieren. Mom schiebt ihre Sonnenbrille auf die Nase und macht diesen komischen Blick, den man nie bei seiner Mutter sehen will. »Echt ein Leckerbissen.«

»Allerdings«, stimmt Kari ihr zu.

»Ach, halt die Klappe«, gebe ich zurück.

Mom dreht den Kopf in meine Richtung. »Wie war das?«

Verdammt. »Nichts«, sage ich schnell und bewege mich eilig in die entgegensetzte Richtung, hinauf zu den Dünen, weg von meinem Dad und Josh. Kari ist mir dicht auf den Fersen. »Wo rennst du denn hin?«, keucht sie, aber ich ignoriere sie, bis das Haus vom höchsten Punkt der Dünen aus nur noch ein kleiner Fleck ist. Ich bin unruhig. Laufe hin und her, getrieben von einer mir unbekannten Macht. Kari hockt im Schneidersitz auf dem Boden, kaut Kaugummi und schaut mir amüsiert beim Herumtigern zu.

»Du findest ihn attraktiv«, stellt sie fest.

»Du etwa nicht?«

»Natürlich. Ich bin du, Volltrottel.«

Kari grinst mich an. Das Licht bricht sich in ihrer Herzchensonnenbrille. Für einen Moment bekomme ich einen leichten Anflug von Neid.

»Woher kommt bloß jeden Tag deine gute Laune?«, frage ich sie.

Kari zuckt mit den Schultern. »Was machen wir jetzt mit dem übersüßen Jungen von nebenan?«

»Was soll ich da bitte machen?«, antworte ich und laufe weiter unruhig hin und her.

»Vielleicht mal hallo sagen?«

»Hä?«

Und da sagt jemand hallo, aber ich bin es nicht. Mit einem leisen Aufschrei fahre ich herum und schaue dem übersüßen Jungen von nebenan direkt ins Gesicht. Mein Atem stockt.

Er ist mir gefolgt.

Wie lange steht er schon da?

Lange genug, denn er hat ein amüsiertes Lächeln auf den Lippen, als müsse er sich einen Spruch verkneifen.

»Hallo«, sage ich zurück. Ich weiß, dass meine Wangen flammend rot werden.

»Ich wollte dich nicht bei deinem angeregten Gespräch stören, entschuldige.«

»Welches Gespräch?«, frage ich unschuldig, obwohl ich weiß, dass mein seltsamer Auftritt nicht mehr zu retten ist. Josh macht einen Schritt auf mich zu, und ich kann nicht anders, als unwillkürlich zurückzuweichen.

»Entspann dich«, flötet Kari.

Ich beachte sie nicht. Mein Blick folgt seinem auf die See hinaus. Hier oben von den Dünen aus scheint sie noch so viel endloser und atemberaubender. Eine merkwürdige Sehnsucht erfüllt mich plötzlich.

»Du hast nette Eltern«, sagt Josh. Ganz locker und beiläufig. Ich gebe einen Laut von mir, der so etwas wie ein Schnauben sein soll.

»Danke. Was ist mit deinen? Wieso bist du ganz alleine hier?« Sehr viel älter als ich kann er nicht sein.

Josh schaut immer noch auf die See hinaus.

»Meine Eltern haben sich gerade scheiden lassen. Das ist ihr Haus. Sie werden es vermutlich verkaufen, also wollte ich noch einmal herkommen. Alleine, ohne ihre ständigen Streitereien.«

Bevor ich etwas dazu sagen kann, schaut er mich an. Sein Blick bannt mich.

»Mit wem hast du da eben geredet? Bist du so eine, die Geister sehen kann?« Er sagt das nicht mal in einem sarkastischen Tonfall. Irritierend.

»Ich rede ab und zu mit meinem zweiten Ich.«

Die Worte sind raus, und ich hätte mich am liebsten geohrfeigt. Noch nie habe ich das laut ausgesprochen. Ich höre, wie selbst Kari der Atem stockt. Aber zu meiner großen Verwunderung lächelt Josh nur.

»Interessant. Ein zweites Ich. Darüber würde ich gerne mehr erfahren.«

»Nein«, antworte ich viel zu schnell. »Da gibt es nicht viel zu erzählen.«

»Lügnerin.« Er schaut zum Wasser zurück. »Wenn du willst, machen wir heute Abend einen Spaziergang, wenn die Sonne untergeht. Wir könnten uns hier treffen.«

Was? »Okay.«

»Um sechs?«

Ich nicke, Josh geht fort. Wie völlig verblödet stehe ich da und weiß nicht mehr, wie man die Kinnlade zuklappt. Karis Kreischen übertönt sogar die Möwen.

»Du hast ein Date! Du hast ein Daaaaate!«

Ich kann mich immer noch nicht rühren. »Was ist gerade passiert?«

»Ich habe dir ein Date beschert, Süße! Gern geschehen!«

»Wovon redest du?«

Sie vollführt einen völlig bescheuerten Freudentanz. »Dieser Junge steht ganz offensichtlich auf Verrückte«, ruft sie glücklich. »Du brauchtest nur mich zu erwähnen, und schon macht ihr einen Spaziergang. Abends. Wenn die Sonne untergeht.«

»Kari«, flüstere ich und sinke in den Sand. Sie hockt sich neben mich, die Herzchensonnenbrille ist ihr wieder auf die Nase gerutscht.

»Ich kenne ihn doch gar nicht. Ich kann mich doch nicht einfach mit ihm treffen. So ganz allein.« Ein ganz merkwürdiges Angstgefühl macht sich in mir breit, eines, das ich so noch nicht kenne.

»Ihr wart doch eben auch allein«, sagt mein zweites Ich, das auf alles eine Antwort hat.

»Mehr oder weniger«, murmele ich. Meine Gedanken wirbeln durcheinander. Ich weiß nicht mal, ob das heute Abend als Date gilt. Ich weiß auch nicht, wo dieses verfluchte *Okay* herkam. Einfach so. Als hätte der Junge mich hypnotisiert oder so was. Was ist bloß in mich gefahren?

Kari weiß natürlich genau, was in mir vorgeht. Sie beugt sich vor und zieht sachte an einer Strähne von meinem Haar. »Was soll schon passieren?«

Ich bin drauf und dran, ihr eine reinzuhauen. Auch wenn das ein Schlag ins Nichts wäre.

»Was soll schon *passieren?*«, wiederhole ich ihre Frage in beißendem Tonfall. Aber sie hält meinem Blick stand. Ganz ruhig sitzt sie da, ein entspanntes Lächeln auf den Lippen, meinen Lippen.

»Sakari«, sagt sie. Ihre Stimme klingt alt. »Josh ist nicht *er.*«

Aber das stimmt nicht. Irgendwo in meinem verkorksten Hirn sind sie alle *er.*

Nicht, dass das Sinn ergeben würde. Ich habe schließlich auch Nate wieder in mein Leben gelassen. Aber nur so weit, wie ich es ertragen kann. Denn *er* ist immer noch da. Und das bedeutet, dass ich immer noch Angst habe, es könnte wieder passieren.

22

Halb sechs. Ich habe einen meiner süßeren Pullover an, Jeans und noch eine Jacke, da es draußen vermutlich kühl sein wird. Ich stehe vor dem Spiegel und mustere mich von oben bis unten.

»Das ist verrückt.«

»Was?« Meine Mutter steckt den Kopf herein.

»Äh, nichts.«

»Es gibt gleich Essen, Schatz.«

»Ähm, ich esse heute nicht mit euch.«

Verwirrt legt Mom den Kopf schräg und kommt ins Zimmer. Sabri guckt unten mit Dad fern, also sind wir für einen Moment ungestört. Hervorragend. Selbst Kari hat sich verdünnisiert.

»Hast du keinen Hunger?«, fragt meine Mutter und setzt sich aufs Bett. Ich weiß nicht so recht, was ich ihr sagen soll. Es fiel mir mal so leicht, meiner Mutter zu sagen, was ich vorhabe.

Ich weiß eigentlich gar nicht, was ich vorhabe.

»Ich treffe mich mit Josh.«

»Dem süßen Nachbarsjungen? Hast du schon seine Bekanntschaft gemacht? Seine Eltern machen wohl gerade eine hässliche Trennung durch.«

Ich nicke vorsichtig. »Ja, ich weiß. Habe ihn heute in den Dünen getroffen.«

»Ich habe gesehen, wie er dir nachgegangen ist.« Mom bedenkt mich mit einem Blick, den ich nicht recht zu deuten weiß.

»Was macht ihr?«, will sie wissen.

»Spazieren gehen, denke ich.«

Sie faltet ihre Hände im Schoß und schaut auf den Boden. »Er macht einen netten Eindruck.«

Fast, für einen kurzen Augenblick, wünsche ich mir, sie würde es mir verbieten. Aber ich bin alt genug, das weiß sie. Und sie ist meine Mutter. Sie weiß, warum ich das tue. Sie weiß, dass ich versuche, ein normales Mädchen zu sein. Sie wird mir dabei nicht im Weg stehen.

»Komm nicht zu spät zurück und nimm dein Handy mit.«

Ich nicke. Spät wird es nicht werden. So lang ist der Strand nicht.

Die Abendluft ist frisch, der Wind abgeklungen. Ich laufe die Veranda herunter, durch den Sand in Richtung Dünen. Nate hat mir heute mehrmals geschrieben, aber bisher habe ich seine Nachrichten ignoriert. Warum, weiß ich auch nicht so genau. Bevor ich die Stelle erreiche, an der Josh mich treffen will, schaue ich mich immer wieder nach Kari um. Es ist ein ungewohntes Gefühl, ohne sie in so eine Situation zu gehen. Sie taucht nicht auf. Josh erscheint um kurz nach sechs. Er trägt einen burgunderroten Hoodie und immer noch Shorts.

»Ist dir nicht kalt?«, begrüße ich ihn. Als Antwort erhalte ich nur ein schiefes Lächeln.

»Komm, gehen wir ein Stück.«.

Wir bleiben auf dem Pfad, der durch die Dünen führt, immer geradeaus. Irgendwann werden wir wieder unten am Strand ankommen. Wir unterhalten uns. Er fragt mich, wo ich herkomme. Er fragt, wie alt ich bin. Er fragt nach all den kleinen Dingen. Ich weiß nicht, wann ich das letzte Mal so viel über mich geredet habe. Über ihn erfahre ich nicht so viel. Er ist dreiundzwanzig, vier Jahre älter als ich. Er wohnt nicht weit von hier, in einer Kleinstadt, deren Existenz mir nicht einmal bewusst war. Mit seinen Eltern zusammen. Jetzt wird er sich eine eigene Bleibe suchen. Während wir so gehen, die Sonne im Meer ertrinken sehen, frage ich, was er beruflich macht.

Joshs Antwort überrascht mich. Er malt. Er hat Ausstellungen. Das heißt, er muss gut sein.

Das entlockt mir ein Lächeln. Josh hebt die Augenbrauen, mustert mich fragend von der Seite. »Was ist?«

»Ich habe auch viel gemalt. Vor einiger Zeit.«

»Bist du gut?«

»Hat man zumindest gesagt.«

Wir bleiben auf dem Pfad stehen. So einen Sonnenuntergang sieht man in der Stadt nicht. All die Farben, die ineinander übergehen, miteinander verschmelzen, den Himmel unheimlich dramatisch wirken lassen. Es raubt mir den Atem.

»Wieso malst du nicht mehr?«, fragt Josh. Ich schaue ihn nicht an.

»Vielleicht habe ich es verlernt..«

»So etwas verlernt man nicht.«

Vielleicht hat er recht. Vielleicht auch nicht. Doch Josh lässt das Thema fallen.

Er will mehr über mein zweites Ich wissen.

23

»Du würdest mich für verrückt halten.« Das Gespräch nimmt eine gefährliche Wendung. Warum sollte ich Josh von Kari erzählen? Niemand weiß von ihr. Auch wenn es schön wäre, zugeben zu können, dass ich völlig wahnsinnig geworden sein muss. Noch kaputter, als ich mir selber eingestehen will. Es wäre schön, diese Tatsache mit jemandem teilen zu können.

Josh sagt: »Wir sind alle irgendwo ein bisschen verrückt.«

Und da ist er wieder, dieser Blick. Er schaut mich so aufrichtig und gleichzeitig durchdringend an, dass es sich anfühlt, als würden die Worte einfach aus meinem Inneren herausgezogen werden. Ich kann nichts dagegen tun.

»Sie sieht genauso aus wie ich. Aber irgendwie auch ganz anders. Niemand außer mir kann sie sehen. Und manchmal sehe ich sie auch gar nicht. Sie taucht immer nur auf, wenn ...« Ich halte inne. »Wenn ich sie brauche.«

Die Dunkelheit erreicht uns, genau wie die Kälte. Joshs Schweigen macht mich nervös. Wir haben uns immer noch nicht weiterbewegt.

»Ist sie gerade da?«, fragt er. Ich hatte damit gerechnet, dass er sich über mich lustig machen würde. Aber er scheint einfach nur neugierig.

»Nein.«

»Ist sie schon immer da gewesen?«

»Nein, erst seit …« Ich muss mich bremsen. Weiter darf ich nicht gehen. Das wäre verkehrt. Ich sollte die Bombe nicht platzen lassen, nicht hier, nicht heute Abend.

»Seit?«, hakt Josh vorsichtig nach. Ich will es nicht aussprechen. Selbst in der Klinik fiel meiner Therapeutin auf, dass ich keine klaren Ausdrücke für das benutze, was passiert ist. Es auszusprechen ist fast so schmerzhaft wie die eigentliche Erinnerung. Bilder, die in meinem Kopf aufblitzen. Eine Stimme.

»Hey, alles okay bei dir?«

»Mir ist nur ein bisschen schwindelig. Geht gleich wieder.«

Ich schließe die Augen und versuche, die Erinnerung zu vertreiben. Aber das funktioniert nie so, wie ich es will.

»Die anderen wollen tanzen. Willst du mit?«

»Ich will gerade nicht tanzen.«

»Gut. Gehen wir spazieren.«

Lippen, die auf meine treffen, keine fünf Minuten später. Sie sind schroff, fordernd und nass. Ich bin so betrunken, dass ich mir nicht sicher bin, ob ich den Kuss erwidere oder einfach stillhalte. Ich denke an Nate. Wieso ist Nate nicht hier? Ich wünschte, es wären seine Lippen. Sie fühlen sich ganz anders an.

»Ich muss mal.« Eine Hand, die mich mitzieht. Wo will er hin?

»Was machst du denn?«

»Komm mit. Komm.«

Er zieht mich dorthin, wo die Dixi-Klos stehen.

»Sakari?«, Josh berührt meine Schulter. Verwundert mustere ich seine Hand. Sie wandert meinen Rücken hinab, hält inne und streicht sachte über den Stoff meines Pullovers. Ich mache einen Schritt zurück und schüttele den Kopf. »Lass das.«

Joshs freundlicher Blick verschwindet. Er runzelt die Brauen.

»Tut mir leid.«

»Ist schon okay.«

»Möchtest du vielleicht meine Bilder sehen? Wir könnten zu mir nach Hause gehen. Jetzt ist es nicht mehr weit von hier. Ich bringe dich später auch wieder zurück.«

Ich weiß, was das bedeutet. Es bedeutet, dass ich mit ihm gehen soll. Alleine. Warum sollte ich das tun? Was soll das werden? Das Misstrauen ist da, keine Frage. Ich weiß, wo es herkommt. Ich weiß, was es bedeutet. Josh schaut mich wachsam an. Ich beschließe, es zu versuchen. Nur einmal. Die warnende Stimme in mir zu ignorieren. Auf Kari zu hören. Josh ist nicht *er.* »Okay.«

24

Drinnen ist es warm. Das Haus ist klein und gemütlich. Wir sitzen auf dem Teppich vor dem Kamin. Josh erzählt mir, das seine Mutter damals unbedingt ein Haus mit Kamin wollte. Sein Vater fand das immer irgendwie albern. Auf dem Boden sind seine Bilder ausgebreitet. Sie sind wirklich gut. Er hat eine Vorliebe für Landschaften. Sonnenuntergänge, Sonnenaufgänge. Das Meer. Die Bilder ähneln sich und sind doch komplett unterschiedlich. Er spielt gerne mit Farben. Während ich sie mir so ansehe, überkommt mich wieder eine stechende Sehnsucht. Ich habe viel zu lange nicht gemalt, und doch ahne ich, wenn ich wieder zu Hause bin, wird das Verlangen nicht kommen.

Josh hat Gin im Haus. Wir trinken beide ein Glas, mit kaltem Tonic Water gemischt. Wir reden. Unbefangen, bis zu dem Moment, in dem mir der Alkohol die Röte ins Gesicht treibt, und Josh wieder sagt:

»Du bist wunderschön.«

Ich weiß nicht, was ich sagen soll, also lächele ich ihn einfach an.

»Du siehst auch nicht schlecht aus.«

Er grinst wie ein kleiner Junge. »Ich habe schon bessere Komplimente bekommen.«

In mir klopft eine leise Stimme. Fragend. *Was willst du eigentlich hier?*

Die Antwort bleibt aus. Alles, was ich tun kann, ist Josh weiterhin schweigend anzusehen. Meine Therapeutin fragte mich oft, wie ich über mein Aussehen denke. Bis zur letzten Sitzung mit ihr legte sie das Thema nicht ab. Damals, noch ganz am Anfang der Therapie, sagte ich zur ihr, dass ich weiß, dass ich schön bin.

Nur spielt es jetzt keine Rolle mehr.

Josh spürt meine Befangenheit. »Hast du Angst vor mir?«, fragt er. Ich weiß nicht, was ich antworten soll. Ich weiß nicht, ob es so ist oder nicht. Es ist schwer zu erkennen, was wahre Angst ist und was nur die Erinnerung an die Angst. »Ich glaube nicht«, sage ich.

Joshs Blick brennt auf mir. Ich spüre es in mir lodern, laut und knisternd, wie das Feuer im Kamin. Ich kann dem nicht ausweichen, und langsam spüre ich, dass ich das auch gar nicht will. Also erzähle ich ihm, was passiert ist. Ich benutze nicht die konkreten Worte. Ich bringe es nicht auf den Punkt. Aber jeder Trottel würde wissen, wovon ich spreche. Nachdem es draußen ist, kippe ich den letzten Schluck aus meinem Glas hinunter und warte auf die Scham. Oder das unangenehme Gefühl, ein Geheimnis ausgeplaudert zu haben, das niemand unter keinen Umständen hätte wissen dürfen. Irgendein Gefühl der Reue. Aber es bleibt aus. Stattdessen fühle ich mich nur seltsam verletzlich.

Josh sagt: »Es tut mir leid.«

Ich sage: »Es ist nicht deine Schuld.«

Josh sagt: »Ich weiß nicht, was ich sagen soll.«

Also schweigen wir. Er scheint betroffen. Schon oft habe ich mir vorgestellt, wie ich reagieren würde, wenn ich nicht die wäre, die es erzählt. Sondern die, die es erfährt. Die Person, die sich nicht ansatzweise vorstellen kann, wie sich das anfühlen muss. Aber ich denke, Betroffenheit trifft ganz gut, was ich gefühlt hätte.

»Jetzt habe ich die Stimmung ruiniert, was?«

Josh startet einen kläglichen Versuch zu lächeln. »Nein, hast du nicht. Es ist nur unfassbar traurig.«

»Ja, wir leben in einer traurigen Welt. Ich muss halt damit klarkommen.«

»Du solltest es nicht müssen. Aber du wirst es schaffen.«

»Warum glaubst du das?«

»Ich glaube es einfach.« Irgendwas an diesem Gespräch löst einen Sturm an Emotionen aus, dem ich nicht standhalten kann. Am liebsten möchte ich raus, zum Wasser, Nate anrufen und ihm davon erzählen. Ich will ihm von diesem seltsamen Jungen erzählen, der mit mir am Kamin sitzt. Dem ersten fremden Menschen, dem ich davon erzählt habe, was mir passiert ist. Aber ich weiß es besser. Ich werde Nate nicht anrufen.

25

Josh bringt mich zum Haus zurück. Die Kälte schlägt wieder zu, es ist spät, aber aus irgendeinem Grund bin ich aufgekratzt. Unten am Wasser bleiben wir stehen. »Vielleicht sehen wir uns ja noch einmal, bevor du wieder fährst?«, fragt Josh. Ich weiß nicht recht, welche Antwort darauf die richtige ist.

Mein Schweigen bringt ihn wieder zum Grinsen. »Es hat mich einfach gefreut, dich kennenzulernen. Kein Grund, auf der Hut zu sein.«

»Bestimmt sehen wir uns noch mal«, sage ich also und versuche, es so zu meinen.

Sobald seine Gestalt in der Dunkelheit verschwunden ist, laufe ich durch den Sand hinauf zum Haus, bleibe auf der Veranda stehen und höre meine Eltern lautstark über irgendetwas diskutieren. Sabris tiefe Stimme erhebt sich über ihnen, aber ich kann kein Wort verstehen.

Auf einen Schlag werde ich unfassbar traurig. Darüber, dass die Sonne jeden Tag auf- und untergeht. Dass ich einen süßen Jungen getroffen habe, der gerne malt, gut aussieht, ein wunderbares Lächeln hat, aber mehr eben auch nicht. Weil mehr nicht möglich ist. Darüber, dass die Zeit nie anhält, für keinen von uns, und dass die Sonne die Erde irgendwann verschlingen und nichts mehr da sein wird von uns, dass es mich irgendwann nicht mehr geben wird, meine Eltern nicht, Oma Rosie nicht, meinen

Bruder nicht und Nate nicht. Darüber, dass ich eigentlich gerade mein Abitur machen und es meine größte Sorge sein sollte, was ich morgens anziehe. Darüber, dass mein bester Freund mir viel zu spät gesagt hat, dass er verliebt in mich ist.

Das Universum ist und bleibt ein Arschloch! Ich gehe ins Haus. Meine Eltern und Sabri sitzen in der kleinen Küche am Esstisch. Ich versuche, die Tür leise zu schließen, aber der Wind vereitelt meinen Plan.

»Sakari?!«, Mom lugt um die Ecke. Sie hat einen hochroten Kopf und eine Zigarette in der Hand. Erstaunlich, sie raucht so gut wie nie, und wenn jemals jemand auf die Idee kam, im Haus zu rauchen, musste er die Beine in die Hand nehmen.

»Wie war dein Date?«, fragt Sabri. »Ja, wie war dein Date?«, fügt Dad grinsend hinzu.

Ich mache einen Schritt in die Küche und muss feststellen, dass Tränen meine Wangen hinab auf meinen Pullover tropfen. Ich hasse es. Dieses Geheule aus dem Nichts. Meine Mutter bekommt sofort diesen merkwürdigen Blick. So als wäre jemand gestorben. Sabri verliert sein Grinsen und Dad... na ja. Ich glaube, er versucht mich anzusehen, aber sein Blick verschwimmt irgendwie.

»Warum weinst du?«, fragt Mom. Ich wünschte, sie würde nicht fragen.

Zum Überfluss bahnen sich Schluchzer an, und jetzt klinge ich wie ein sterbendes Tier. Sabri steht auf, nimmt mich am Arm und bringt mich nach oben. Früher, als ich noch klein war, hat er mich ab und zu ins Bett gebracht. Dabei hat er mich hochgehoben und aufs Bett geworfen. Ich fand es unheimlich witzig.

Jetzt hebt er mich auch hoch, mit einem brüderlichen, besorgten Gesichtsausdruck, und legt mich ganz sachte ab. Ich liege weinend da und nehme seine Hand.

»Ich weiß nicht, warum ich weine.«

Sabri beugt sich vor und streicht mir eine Strähne aus dem Gesicht. »Das macht nichts. Manchmal weiß ich es auch nicht.«

Er macht das Licht im Zimmer aus, doch lässt er die Tür einen Spalt offen.

Ich schrecke aus wirren Träumen hoch. Es ist noch mitten in der Nacht. Ich schleiche durch den Flur in Richtung Badezimmer, als ich meine Familie von unten höre. Sie sind immer noch wach und scheinen nicht zu bemerken, wie laut sie sind.

Meine Mom spricht. Sie klingt, als hätte sie auch geweint. »Ich weiß nicht, wie ich ihr helfen kann«, sagt sie.

Okay. Sie reden über mich.

Sabri sagt: »Sie kriegt das schon hin. Sie ist stark.«

Dad sagt: »Irgendwann wird sie es vergessen.«

Mom sagt: »Sie wird es *nie* vergessen.«

Sabri sagt: »Sie muss ihren eigenen Weg finden.«

»Aber es ist so furchtbar.« Mom weint wieder. Ich hasse es, wenn sie weint. Ich fühle mich immer so unheimlich schuldig. Ich wünschte, Mütter könnten nicht weinen. Es tut weh, wenn man der Grund ist.

»Weißt du nicht mehr, wie fröhlich sie immer war? Schon als kleines Mädchen?«

Das ging wohl an Dad. »Unsere Tochter ist nicht mehr so fröhlich«, schluchzt sie. Schweigen. Ich halte es nicht aus. Im Bad kauere ich mich in die Badewanne und schließe die Augen. Ich vergesse es immer wieder. *Er* hat nicht nur mich ins Leid gestürzt. Sondern auch alle, die ich liebe.

26

Ich kann nicht mehr schlafen. Die Stille macht mich fertig, denn so kann ich meine Gedanken viel zu gut hören. Ich liege immer noch wach, als es draußen schon dämmert. Sabri schnarcht wie ein Weltmeister.

Ich liege da und überlege, Nate zu schreiben, auch wenn er wahrscheinlich noch schläft, und verwerfe den Gedanken dann wieder.

Ich wage trotzdem einen Blick auf das Display. Fast sieben Uhr. Ich bezweifle, dass mich der Schlaf noch zu sich holt. Frustriert schlage ich die Decke zurück, wobei ich Kari voll ins Gesicht treffe. Sie rutscht rückwärts und fluchend vom Bett. »O Mann!«, zische ich leise. »Warum musst du dich immer so anschleichen?« Ich glaube, es ist das erste Mal, dass ich sie nicht aufgebrezelt oder in verrückter Kleidung sehe. Sie sieht tatsächlich ganz normal aus. Im Pyjama steht sie da, die Haare zerzaust, aber der Blick nach wie vor wach und aufmerksam. Sie sieht viel jünger aus. Beziehungsweise ich. Äußerst seltsam.

»Komm«, sagt sie und reicht mir eine Hand. Ich ergreife sie und verlasse das Zimmer, folge ihr die Treppe hinunter zur Garderobe. Dort hängt mein Mantel. Sie deutet auf die rechte Manteltasche, worin sich mein iPod befindet. (Ja, ich weiß, heutzutage hören alle mit ihrem Handy Musik, aber irgendwie kam das nie so bei mir an.) Ich hole ihn heraus.

Kari will raus. Ich schließe die Tür leise auf und folge ihr in den Sand.

»Scheiße, ist das kalt!« Mit klappernden Zähnen gehe ich zum Wasser. An diesem Morgen ist das Meer wild und aufgebracht. Eine Welle nach der anderen rauscht ans Ufer und lässt Seetang und Steine an Land zurück. Kari steht da, breitet die Arme aus und jauchzt. »Mach Musik an!«, ruft sie.

Ich habe keinen blassen Schimmer, was sie vorhat. Aber von mir aus. Ich stecke mir die Kopfhörer in die Ohren und lasse das erste Lied laufen, das kommt.

Und da fängt sie an. Kari tanzt. Nicht so wie sonst auch, wie ein zappeliges Kind, das zu viel Zucker intus hat, sondern wie ein Mädchen, das das Leben liebt. Jetzt kann ich keine Unterschiede mehr zwischen uns erkennen. *Ich* bin es, die da am Wasser entlangtanzt, sich dreht, die Hüften kreisen lässt, genau passend zur Musik. Die Lider geschlossen, ein Lächeln auf den Lippen. Ich zittere am ganzen Körper, doch spüre ich die Kälte nicht mehr. Wie könnte ich mich nicht davon anstecken lassen?

In diesem Moment, in dem es nur uns, mich und das Wasser gibt, lasse ich alles fallen. Ich tanze. Es gibt nichts, nur die Musik. Zuerst langsam, unsicher, als hätten meine Füße vergessen, wie es geht, doch je mehr Kari aufdreht, desto mehr erinnert sich auch mein Körper. Und so tanzen wir. Ewig. Mir ist alles egal. Meine Traurigkeit ist wie weggeblasen, als hätte sie nie existiert. Erst als ich keine Luft mehr kriege, mir der Schweiß die Stirn runterläuft, höre ich auf und lasse mich in den Sand fallen. Das Meer tobt immer noch, aber jetzt geht die Sonne auf. Sie lächelt mich an.

Ich setze mich auf und schaue mir all die Farben an, die so schön sind, dass es mir die Sprache verschlägt. Farben, die ich unbedingt im Kopf behalten muss, damit ich sie irgendwann auf die Leinwand bringen kann.

Ich glaube, genau jetzt, in diesem Moment, bin ich frei.

27

Heute fahren wir nach Hause. Am Vormittag mache ich mich auf den Weg zu Joshs Haus. Ich kann ihn schon von weitem sehen, er sitzt auf den Eingangsstufen des Hause und sonnt sich.

Ich bleibe dicht vor ihm stehen und beuge mich rüber, mein Schatten bedeckt seinen Körper. »Hallo«, sagt er mit geschlossenen Augen.

»Hallo«, gebe ich unsicher zurück. Er schirmt die Augen mit seiner Hand ab und mustert mich. »Du stehst mir in der Sonne.«

»Ich weiß.«

»Was kann ich für dich tun?«

»Wir fahren in ein paar Stunden.«

Josh stützt sich mit den Ellenbogen ab. Ich bin mir nicht sicher, aber es fühlt sich so an, als würde er sehr lange zögern.

»Kommst du mit rein?«

»Okay.« Ich folge ihm ins Haus. Hier ist es angenehm kühl. Josh schenkt mir ein Glas Wasser ein, ohne dass ich danach gefragt hätte, und lehnt sich gegen die Spüle. »Freust du dich auf zu Hause?«, fragt er.

»Weiß nicht.«

Josh lächelt mich an. Ich erwidere sein Lächeln. »Ich habe etwas für dich.« Er verschwindet in einem anderen Zimmer und kommt mit einem Bild zurück.

Josh hat mich gemalt. Mich am Strand, die Hände tief vergraben in den Taschen meines Mantels, den Blick aufs Meer gerichtet.

Für einen Moment bin ich sprachlos. So schön ist es geworden.

Ich fahre mit meinen Fingern über die Farben, zeichne die Konturen nach.

»Gefällt es dir?«

»Danke, Josh.«

»Ich will, dass du weißt, dass du keine traurige Geschichte bist.«

Ich reiße meinen Blick von seiner Kunst los und schaue ihn an. Ich weiß, dass es an der Zeit ist zu gehen.

»Ich muss los.«

Ich drehe mich um, sein Bild fest an meine Brust gepresst und verlasse das Haus.

Kari begleitet mich auf dem Weg zurück. Sie hält das Gesicht in den Wind und läuft barfuß durchs Wasser. »Er hat recht, weißt du«, sagt sie.

Die Fahrt zurück in die Stadt verläuft still. Ich denke darüber nach, wie viele Menschen da draußen wohl glauben, eine traurige Geschichte zu sein, denen niemand ein Bild malt. Über Moms Tränen und über meinen Bruder Sabri, der mich ins Bett gebracht hat, und über meinen alten Herrn, der so gerne lacht und Whiskey trinkt.

Und ich denke, dass ich wieder fröhlich sein will. Und dass es Dinge gibt, die ich ihnen gerne sagen möchte, aber nicht kann. Es gibt die richtigen Worte nicht.

Aber irgendwann, wenn es so weit ist, muss ich sie finden.

28

In Nates Garten blühen jetzt die Apfelbäume. Einen Tag nach meiner Ankunft sitzen wir auf dem Rasen, rauchen, trinken Cola und genießen die Frühlingswärme.

»Wie war es an der See?«, fragt Nate.

»Sehr schön«, antworte ich wahrheitsgemäß. Für einen Augenblick überlege ich, ihm doch von Josh zu erzählen. Aber wozu soll das gut sein? Und welche Bedeutung würde es haben?

Ich bin mir nicht mal sicher, was für eine Bedeutung es für *mich* hat. Das war keine Prüfung, kein Beweis mir selbst gegenüber. Es war nur ein Junge, der mir gefallen hat. Ich bin der Meinung, dass das ein gutes Zeichen ist. Aber Nate davon erzählen? Vielleicht wäre er eifersüchtig. Oder gekränkt. Schließlich habe ich nicht vergessen, welche Gefühle er mir gestanden hat, und ob ich will oder nicht, das ist genau das, was im Moment zwischen uns steht. Und nun ja, vieles andere natürlich auch. Das, was mich nachts wach hält und meine Mutter zum Weinen bringt.

Mein Blick wandert zu den Apfelbäumen. Als Kinder sind Nate und ich im Sommer jeden Tag auf ihnen herumgeklettert. Da erschienen sie uns noch riesig und abenteuerlich. Jetzt würden vermutlich die Äste brechen, und Mary wäre sauer. »Wir sind so alt geworden«, sage ich zu Nate. Er verschluckt sich und gluckst los. »Alt? Bist du bescheuert?«

»Fühlst du dich nicht manchmal alt?«

Nate schließt die Augen und lässt sich nach hinten ins Gras fallen. »Alt? Nein, Kleines. Wir sind jung und knusprig! Das sind die besten Jahre unseres Lebens!«

Ich beuge mich vor und berühre sein Haar. »Knusprig, ja? Hier wächst was Graues.« Sofort fährt er hoch und fasst sich an den Kopf. Kichernd lehne ich mich zurück und schenke ihm einen selbstgefälligen Blick. Gespielt wütend stürzt er sich auf mich und kitzelt mich durch. Kreischend versuche ich, ihn von mir zu schieben, aber natürlich ist er stärker. Sein Gewicht drückt mich auf den Boden, Gras kitzelt in meiner Nase. Er kitzelt meine Seiten, meinen Bauch, alles, was er zu fassen kriegt, bis es zu viel wird. Ich spüre, wie meine Brust sich verengt, der Reißverschluss sich zuzieht und meine altbekannte Schnappatmung einsetzt. *Bitte nicht.*

Das ist nicht der richtige Zeitpunkt für eine Panikattacke. Es ist der blödeste überhaupt, und die letzte ist schon so lange her, dass ich große Hoffnungen gehegt habe, sie würden endlich verschwinden.

Nate entfernt sich ein Stück und mustert mich besorgt. »Alles okay?«

Konzentrier dich. Es dauert eine Weile, aber ich kann mich beruhigen, bevor die Attacke tatsächlich kommt. Erleichtert atme ich aus. »Tut mir leid.«

Nate schüttelt den Kopf. »Du kannst nichts dafür.«

»Es ist mein Körper«, erkläre ich. »An manchen Stellen … erinnert er sich wieder, auch wenn mein Kopf weiß, dass alles in Ordnung ist.«

Ich glaube, ich habe ihn traurig gemacht. Oder wütend. Er meidet meinen Blick und ballt die Hände zu Fäusten. »Mein Fehler«, sagt er.

Ich weiß nicht, wie ich die Situation wiedergutmachen soll. Schweigend sitzen wir da, und ich schaue ihn an in der Hoffnung, er schiebt es beiseite. Aber so ist Nate nicht.

»Du hast mir nie erzählt, was eigentlich genau passiert ist.«

Das stimmt. Ich weiß nicht, wie viel er wirklich weiß. Es gibt nur wenige Menschen, die das tun, von der Polizei mal abgesehen. Meine Mutter. Und Sabri. Dad vermutlich auch, ich habe es ihm nicht erzählt, aber meine Mom bestimmt.

Was erwartet er jetzt? Soll ich es erzählen? Vom Anfang bis zum Ende, alle Details eingeschlossen? Es fühlt sich nicht okay an. Ich habe es schon bei der Therapie gehasst. Es ist nichts, was sich mit ein paar aufmunternden Worten und einem Tag voller Ablenkung bereinigen lässt. Es zu erzählen ist etwas vollkommen anderes, als sich nur zu erinnern. Meine Gedanken rattern im Kopf auf und ab, formen sich zu einem großen dunklen Etwas. Nate ahnt, was gerade passiert. Schnell greift er nach meinen Händen.

»Du musst es mir nicht erzählen. Wirklich nicht. Ich will nur …«

»Helfen«, beende ich seinen Satz. Er nickt.

»Irgendwann erzähle ich es dir bestimmt.« Ich kann Nate dabei nicht angucken.

»Warum habe ich das Gefühl, dass das nicht stimmt?«

»Du weißt nicht, wie das ist.«

»Dann erkläre es mir!«

»Wozu?«, fauche ich schärfer als beabsichtigt. Nate zuckt zusammen. »Du weißt, was du wissen musst. Du kannst dir mit Sicherheit denken, dass die Stellen, die du eben berührt hast, auch von *ihm* berührt worden sind.«

Schon das ist mir zu viel. Es gibt mir wieder das Gefühl, mein

Körper sei auf ewig gebrandmarkt. Unsichtbare Verbrennungen, die an mir haften und richtige Nähe unmöglich machen, weil es viel zu sehr weh tut. Ich will nicht darüber reden.

»Wer war er überhaupt?«, will Nate wissen.

Ich will nicht darüber reden. »Er war nicht viel älter als ich. Dreiundzwanzig, zumindest hat er das gesagt.«

»Wie kam es dazu? Wie hast du ihn kennengelernt?«

Ich will nicht darüber reden.

»Auf dem Fest, wo wir hinwollten. Ich war mit Leuten aus der Schule da. Ich habe zu viel getrunken, mir war schlecht. Er wollte wissen, wie es mir geht. Ist bei mir geblieben.«

Nate fragt: »Und dann?«

Ich will nicht darüber reden. »Dann ist er geblieben. Den ganzen Abend über. Wir sind ein bisschen herumgelaufen.«

»Wie hieß er? Du musst doch irgendwas über ihn wissen, was der Polizei helfen könnte, irgendwas, um dieses Schwein ausfindig zu machen und …«

»Und dann was?« Ich befreie mich aus seinen Händen und stehe wütend auf. Ich bin kein Mensch, der schnell wütend wird. Halt, nein. Ich *war* kein Mensch, der schnell wütend wird.

»Was würde dann passieren, Nate? Bringst du ihn dann um?«

»Ich würde ihn umbringen.« Ich bin mir ziemlich sicher, dass das nicht dahergesagt ist. Und ich kann es verstehen, aber es macht nichts besser. Es ändert überhaupt nichts.

»Tja, zu deinem Pech erinnere ich mich aber nicht! Ich weiß nicht mehr, wie er aussah, was er alles gesagt hat! Ich weiß nur noch, dass er mich in diesem scheiß Dixi-Klo eingesperrt hat und mir die Hose runtergezogen hat! Reicht das nicht?« Meine Stimme ist zu einem wütenden Donner herangeschwollen. Jetzt sind die Bilder da, und nichts kann sie vertreiben.

»Nein.«

Er hört es nicht. Kann er mich nicht hören? Mein Kopf schlägt gegen die Innenwand. Der widerliche Gestank und der Schmerz, meine Hände, die versuchen, irgendwas zu finden. Hände, die meine Hüfte festhalten, so fest, dass ich mich nicht befreien kann. Hände, die meinen Nacken umfassen, meine Schultern, mich runterdrücken. Ich verstehe es nicht. *Hat er nicht gehört, was ich gesagt habe? Ich habe nein gesagt. Warum hört er denn nicht auf?*

»Wieso hast du dich nicht gewehrt?« Nates Stimme ist ganz leise geworden. Ich glaube, er weiß nicht, wie hart mir seine Worte ins Gesicht schlagen. Eine schöne, glatt sitzende Ohrfeige, die mir das Blut in die Ohren rauschen lässt.

»Weil ich ein Idiot bin, Nate!«, donnere ich. »Weil ich nicht wusste, was er vorhat! Und weil ich nicht *verstanden* habe!«

Jetzt steht er auch auf. Wir stehen uns gegenüber, die Wut verzerrt unsere Gesichter, ich weiß nicht, wie er auf die Idee kommt, wütend zu sein, ich weiß gar nicht, warum das hier passieren muss.

»Glaubst du, ich gebe dir die Schuld?«, ruft Nate.

»Weiß ich nicht! Tust du?«

»*Gott,* Sakari, nein!«

»Kommt mir aber so vor!«

»Sag so was nicht!« Er macht einen Schritt auf mich zu. Er hält mich an den Schultern, er schüttelt mich. Tränen rinnen sein Gesicht runter. Ich habe Nate noch nie weinen sehen. Nicht, als seine Oma gestorben ist. Nicht, als im Sommer, als er gerade dreizehn wurde, seine Eltern kurz davor waren, sich scheiden zu lassen, was sie dann doch nicht taten. Er hat nie geweint, nicht mal bei den schlimmsten Filmszenen oder den traurigsten Büchern. Jetzt weint er, und das macht mich wahnsinnig. Ich weine ja schließlich auch nicht. Wieso müssen immer alle heulen? Für einen kurzen Moment werde ich sogar wütend auf meine Mom, einfach nur, weil sie geweint hat. Ich werde wütend auf sie alle.

»Du kannst nicht helfen«, wiederhole ich, ich versuche, sanfter zu sprechen. »Ich bin nicht wie die Autos in deiner Werkstatt. Mich kannst du nicht einfach wieder zusammenschrauben.«

Seine Tränen tropfen auf mein Shirt, so dicht steht er vor mir. »Ich kann es versuchen. Lass es mich versuchen.«

Das wäre ein guter Moment, um damit aufzuhören, sich so zu benehmen, wie ich es gerade tue. Es wäre ein guter Moment, um nachzugeben, mich zu öffnen, alles zu erzählen und mich Nate hinzugeben, meinem Nate, meinem allerbesten Freund. Vielleicht wäre es okay, und vielleicht könnte ich mich wieder so unwiderruflich in ihn verlieben.

Ich weiß, dass es ein guter Moment wäre. Aber ich sage: »Hör auf damit.« Er zuckt wieder zusammen. Ich drehe mich um, lasse den weinenden Nate hinter mir, sehe noch aus dem Augenwinkel Mary und Steve, die gerade in den Garten kommen, erreiche den Zaun und klettere. Ich fliehe einfach. Laufe blindlinks durch die Gärten, bis ich die Straße erreiche. Ich kann Kari neben mir spüren. Ich weiß genau, dass sie da ist.

»Das hast du ja toll gemacht.« Ich beachte sie gar nicht, laufe einfach weiter als wäre sie nicht da, blende ihre Stimme aus und gehe so lange, bis meine Knie schmerzen und mein Herz und alles, was ich bin.

29

Ich finde mich an irgendeiner Straßenecke wieder. Die Leute rennen geschäftig hin und her, irgendein Aktentaschenträger rempelt mich an. Ich lehne mich an eine Hauswand, klaube eine Zigarette aus meiner Jackentasche. Mit zittrigen Händen zünde ich sie an, inhaliere, so tief ich kann.

Kari sieht aus, als wäre sie in einen Farbtopf gefallen. Ihre Klamotten blenden mich förmlich. Das Haar ist zu einer komplizierten Frisur hochgesteckt, ihr Mund feuerrot. Sie sieht damit irgendwie gefährlich aus.

»Warum hast du das gemacht?«, fragt sie.

Ich versuche, sie immer noch auszublenden.

»Warum bist du so wütend?« Sie gibt nicht auf.

»Ich weiß es nicht.«

»Du weißt es ganz genau.«

Wahrscheinlich hat sie recht. Ich bin wütend auf die ganze Welt. Am meisten auf mich selbst. Was ich gesagt habe, war nicht gerecht.

»Er kann das nicht verstehen«, sage ich leise. »Er weiß nicht, was es mit mir macht.«

Kari verdreht die Augen. »Er ist der Einzige, der das verstehen kann, er kennt dich am besten.«

»Nein«, pflaume ich sie an. *»Du* bist die Einzige, die das verstehen kann!« Ich sehe eine Passantin, die mich verstört anschaut.

Ich beachte das gar nicht. Soll die Welt doch sehen, dass ich den Verstand verloren habe. Spielt keine Rolle.

Kari legt verwirrt den Kopf schief. »Du bist ich«, rede ich weiter.

»Du bist die Einzige, die weiß, was ich fühle.«

Ein unmerkliches Lächeln stiehlt sich auf ihre, meine dunkelroten Lippen.

»Bitte geh nicht weg«, flüstere ich.

Jetzt tänzelt sie um mich herum, gut gelaunt, grinst breit wie ein Honigkuchenpferd.

Ich rauche noch eine Zigarette, und Kari raucht einen Joint. So stehen wir da und sehen die Welt vorbeiwandern, für die ich auf den ersten Blick nur eine Verrückte bin, die Selbstgespräche führt. Ich muss lachen.

Wenn die wüssten.

Aus einem Impuls heraus gehe ich mit Kari im Schlepptau in das Viertel, wo Alex wohnt. Es ist, wie eine andere Welt zu betreten. Alex Eltern leiten irgendeine wichtige Firma, sind stinkreich, andauernd auf Reisen und besitzen dieses riesige Haus, in dem nur drei Personen leben. Deswegen kann Alex so oft Partys bei sich schmeißen, wie sie will. Aber eigentlich sind hier alle Häuser riesig. Villen, mit Glasbalkonen, Pools im Garten und solchem Zeug.

Die Sache mit Alex ist die: An dem Tag, an dem Abend, an dem *es* passierte, rief ich sie an. Ich erinnere mich nicht mehr genau, was ich gesagt habe. Ich weinte und sagte: »Hilf mir.«

Sie fragte mich immer wieder, was passiert war. Zu dem Zeitpunkt waren Alex und ich nicht die dicksten Freundinnen. Man könnte sagen, wir mochten unsere Gesellschaft, aber wir kamen auch ohne einander aus. Wir brauchten uns nicht. Diese Position gehörte Nate.

An diesem Abend aber brauchte ich sie. Ich brauchte eine Freundin. Und was immer ich ihr erzählt habe, sie verstand, bevor ich es tat.

»Weißt du, was passiert ist?«, fragte sie immer wieder. Sie fragte nicht, ob ich mich erinnerte. Sie fragte, ob ich es *wusste.* Und ich wollte es nicht wissen.

Also sagte sie es mir. Ich verzweifelte am Telefon, und obwohl Alex keinen Führerschein hat, nicht im Zentrum wohnt oder sich irgendwo in der Nähe des Festes aufhielt, war sie unglaublich schnell da.

Sie fing mich an einer Parkbank ab, packte mich an den Schultern und schüttelte mich. »Wer war das?«

»Ich weiß es nicht!«

»Setz dich erst mal hin.«

»Ich kann nicht!« Ich weinte ununterbrochen. Ich zitterte am ganzen Körper.

Sie verstand, dass ich Schmerzen hatte. Ihr Gesicht verzog sich für einen kurzen Moment, als würde sie denselben Schmerz empfinden. Ich erinnere mich noch sehr gut daran. Von irgendwo zauberte sie eine Flasche Wodka hervor und drückte sie mir in die Hand. »Trink.« Und ich trank, während wir zu Fuß zum Krankenhaus liefen. Sie hielt meine Hand. Ich weinte und trank. Ich trank so lange, bis mir schlecht wurde, und trotzdem setzte keine Erleichterung ein, gar nichts. Aber meine Nerven beruhigten sich, so gut es ging. So lange, bis die Polizei eintraf und ich von einer Frauenärztin untersucht werden musste.

Alex hielt mich in den Armen, als ich versuchte, mich in eine Ecke zu drücken. Sie wartete bei meiner Untersuchung vor der

Tür. Ich musste zu einer Vernehmung auf die Wache, und sie fuhr nach Hause, um mir Kleidung zu besorgen. Am nächsten Tag rief ich sie an und bedankte mich, aber sie wollte es nicht hören. So war Alex. Sie besuchte mich in der Klinik, und jetzt lädt sie mich zu Partys ein. Sie behandelt mich kein Stückchen anders, und sie hat den unmittelbaren Schaden gesehen. Sie ist im Moment meine einzige Freundin. Von meinen Wahnvorstellungen mal ganz abgesehen.

Ich klingele, und meine Freundin öffnet einige Zeit später die Tür im Morgenmantel und mit verschlafenem Gesicht.

»Oh«, sagt sie.

»Hast du geschlafen?«

»Allerdings.«

»Es ist sechs.«

»Und?«

Sie dreht sich um, und ich folge ihr mit Kari ins Haus. Wir finden uns in ihrem Wintergarten wieder, der mit einer Couch, Fernseher und zwei Aquarien eingerichtet ist. Alex wirft sich auf die Couch, verlangt mit einer Handbewegung nach einer Zigarette und gähnt mich an. Ich hocke mich neben sie und schaue Kari zu, wie sie die Fische begutachtet und mit ihnen spricht.

Alex und ich rauchen, obwohl ich mir sicher bin, dass ihre Eltern das im Wintergarten eigentlich nicht erlauben. Wie ich schon angenommen hatte, sind sie wieder auf irgendeiner Geschäftsreise.

Nach fünf Minuten unangenehmen Schweigens macht Alex ruhige, vor sich hin plätschernde Musik an und lehnt sich entspannt zurück.

»Wie läuft die Schule?«, frage ich so beiläufig wie möglich.

»Ich bin kein Fan von Smalltalk. Aber ganz gut.«

Dieses Jahr noch wird sie fertig sein. Im Sommer. Wer weiß, wo es sie dann hinzieht. Aber ich beschließe, ihrer unausgesprochenen Bitte nachzukommen.

»Ich wusste nicht, wohin ich gehen soll.«

»Warum?«, will sie wissen und ascht mitten auf den Teppich. Ich starre eine Weile auf die Asche und nehme schließlich ein benutztes Glas vom Tisch, um hineinzuaschen. Eine Rebellin in diesem Haus reicht.

Ich erzähle ihr, was bei Nate vorgefallen ist. Während ich rede, klaubt Alex, ohne zu fragen, eine weitere Zigarette aus meiner Manteltasche und hört schweigend zu. Als ich fertig bin, runzelt sie die Stirn, und ich fühle mich noch mieser als vorher.

»Er hasst mich jetzt bestimmt«, gebe ich leise von mir. Jetzt schaut Alex genervt drein.

»Nate *liebt* dich. Das ist ein feiner Unterschied.«

»Ich tue ihm nur weh.«

Alex pustet Ringe in die Luft und tätschelt mütterlich meine Hand, die ruhig in meinem Schoß liegt.

»Während du weg warst, ist er ständig bei mir aufgekreuzt«, erzählt sie. »Über nichts anderes hat er geredet. Nur über dich. Er ist verrückt nach dir, und ich glaube, er würde alles tun, damit es dir bessergeht.«

Ich weiß nicht recht, ob ich hergekommen bin, um aufgemuntert zu werden. Wirklich funktionieren tut es jedenfalls nicht.

Keine Ahnung, warum ich es sage. Und wieso Alex die Erste ist, vor der ich es laut ausspreche, von meiner Therapeutin in der Klinik abgesehen. Vielleicht, weil mich diese Nacht mit ihr verbindet, auf eine Art und Weise, die ich selbst nicht ganz verstehe.

»Die Wahrheit, warum ich in die Klinik gegangen bin, war

nicht *er.* Ich hatte es schon akzeptiert. Der wahre Grund ist, dass ich sterben wollte.«

Ich warte wieder auf das unangenehme Gefühl, das jetzt eigentlich kommen sollte. Aber in mir macht sich nur eine dumpfe Leere breit, vermischt mit einer seltsamen Erleichterung.

»Du bist aber nicht gestorben.« Ich dachte, sie würde sich mit ihrer Reaktion mehr Zeit lassen.

»Ich kann aber immer noch nicht damit leben.«

»Scheißegal«, sagt Alex und setzt sich auf. Ihr eindringlicher Blick treibt mir die Röte ins Gesicht. »Du findest jeden Tag einen Weg. Du bist so ziemlich der einzige Mensch, den ich kenne, der damit leben kann.«

Ihre Aussage überrascht mich. »Du könntest es besser als ich«, murmele ich, und sie schüttelt energisch den Kopf. »Ich bin nicht sonderlich gut im Einstecken. Und du hast mehr eingesteckt, als viele andere Menschen verkraften könnten. Du wolltest sterben, und du hast dich dagegen entschieden. Das tut niemand, der nicht bereit ist, einen Weg zu finden.«

Kari applaudiert am Aquarium und schenkt Alex einen beeindruckten Blick.

Ich schaue sie eine Weile an. Eine kleine Stimme in mir gibt Alex recht. Stimmt ihr zu. Aber da sind viele andere Stimmen, die auf etwas ganz anderes hinauswollen. Ich atme tief ein, nehme mir selbst noch eine Zigarette und wende mich Alex zu. »Was tust du da?«, quietscht Kari, aber ich schenke ihr keine Beachtung. Ich öffne den Mund und erzähle Alex das, was mich wirklich beschäftigt. Von meinem Geheimnis, das ich mit niemandem teilen wollte. Von meinem zweiten Ich.

30

Keine Ahnung, mit welcher Reaktion ich gerechnet habe. Ich habe nie so weit gedacht. Die Vorstellung, es irgendwem zu erzählen... so weit bin ich nie gekommen. Bei Josh war es etwas anderes. Es schien keine große Bedeutung zu haben. Und jetzt ist es raus. Die Worte sind nicht mehr zurückzunehmen. Ich habe Kari real gemacht. Sie existiert. Sie ist da. Ich kann sie mir jetzt nicht mehr wegwünschen. Und ein entscheidender Teil von mir will es auch gar nicht mehr.

Alex steht auf, geht zu einem Glasschrank, der hinter dem Flachbildfernseher steht, und gießt sich Gin in ein verziertes Glas. Mir stellt sie auch eins hin, doch ich bin noch zu benommen von meinen eigenen Worten, um es anzurühren.

»Heilige Scheiße«, sagt sie.

»Allerdings«, stimmt Kari zu, die sich zu mir gesellt hat und mich kopfschüttelnd mustert.

»Ich konnte es nicht mehr für mich behalten«, sage ich leise, zu beiden. Alex setzt sich wieder zu mir, steht noch einmal auf, nur um sich wieder hinzusetzen.

»Und sie ist wirklich real?«, fragt sie.

Ich nicke. »Auf mich wirkt sie so real wie du.«

»Ist sie gerade hier?«

Ich nicke. Alex schaut sich um, beunruhigt und nervös. »Heilige Scheiße«, sagt sie wieder. Ich nehme auch einen Schluck. Der

Gin brennt mir im Hals, ich muss mühsam ein Husten unterdrücken.

»Denkst du, ich bin geisteskrank?«

Nach ein paar Schlucken Gin und mehreren Blicken durch den Raum scheint sie eine Antwort gefunden zu haben. »Ein sehr weiser Mann hat mal gesagt: Nur weil es in deinem Kopf passiert, heißt es nicht, dass es nicht real ist.«

»Kommt das nicht von Dumbledore?«

Alex grinst. Ich seufze. Kari lacht ihr glockenhelles Lachen.

»Nun, für dich ist es real.« Alex macht ein nachdenkliches Gesicht und zieht die Unterlippe zwischen die Zähne. »Was glaubst du, warum sie hier ist?«

»Ich habe meine Theorie.«

Kari legt den Kopf schief und stupst mich mit dem Zeigefinger an. »Theorie? Wieso weiß ich davon nichts?«

»Du hast nicht gefragt«, gebe ich zurück und werde augenblicklich still. Alex zieht eine Augenbraue hoch. »Daher also die Selbstgespräche. Welche Theorie?«

»Vielleicht ...« Ich halte inne. Sinn macht das Ganze trotzdem nicht. Aber es ist auch nur eine Theorie. »Vielleicht ist sie die Version von mir, die ich geworden wäre, wenn ...« Ich mag es nicht mal denken. Alex schluckt geräuschvoll. »Du musst irgendwann anfangen, es auszusprechen«, sagt sie.

Ich ziehe scharf die Luft ein. »Ich weiß. Vielleicht ist sie das Ich, das ich hätte sein sollen.«

Alex überlegt. »Gar nicht mal schlecht. Aber wohin soll das führen? Wirst du zu ihr, und dann verschwindet sie, und du bist geheilt? Oder wie funktioniert das?«

Ich drehe mich zu Kari um, die neben mir auf der Couchlehne hockt. Sie macht einen amüsierten Eindruck. Typisch.

»Irgendwelche Gegenvorschläge?«, frage ich sie. Alex gießt sich noch einen Gin ein und murmelt irgendwas vor sich hin.

Kari lächelt mich schief an. »Macht nur weiter so. Ich finde das außerordentlich interessant.«

Frustriert kippe ich den Rest Gin runter und schenke mir auch einen neuen ein. »Ich trinke zu viel«, stelle ich dabei fest. Alex zuckt mit den Schultern.

»Soll bei Geisteskranken vorkommen.«

Bevor ich darüber nachdenken kann, ob das ein Scherz war oder nicht, grinst sie mich wieder an und wuschelt mir mit ihrer Hand durch die Haare.

»Mach dir keinen Kopf. Ich werd's keinem erzählen.«

Ein paar Gins und Zigaretten später sind wir ordentlich angetrunken und liegen auf dem vollgeaschten Teppichboden, der bestimmt einige hundert Euro gekostet hat.

»Nervt sie dich?«, will Alex wissen und schiebt einen Rülpser hinterher. Ich kichere. »Kari ist die größte Nervensäge, die es gibt.« Kari macht einen Schmollmund. Alex nickt.

»Aber sie vertreibt die Stille. Und sie bringt mich zum Lachen.«

Alex fragt, ob Nate es weiß. Ich schüttele den Kopf. »Ich kann es ihm nicht erzählen. Es gibt so viele Dinge, die ich ihm nicht erzählen kann. Deshalb bin ich weggelaufen.«

Alex schließt die Augen und lächelt. »Weglaufen ist gar nicht so schlimm. Die Frage ist nur, ob du zurückkommst.«

Ich bin auf dem Weg. Der Abend ist unheimlich kalt. Zitternd und schwankend bewege ich mich durch die Straßen, nur ein Ziel vor Augen. Vermutlich ist es der Alkohol. Höchstwahrscheinlich ist es der Alkohol. Doch nach meinem Besuch bei Alex weiß ich auf einmal sehr genau, was ich zu tun habe. Das erste Mal seit langer Zeit. Kari hastet mir hinterher, kann sich kaum meinem Tempo anpassen. Immer wieder redet sie auf mich ein.

»Lass uns nach Hause gehen«, bittet sie. »Du bist betrunken!«

Wohl wahr. Aber es muss sein. Ich kann nicht anders. Erst als ich vor Nates Haus stehe, atme ich wieder tief durch. Ich gehe ein paar Schritte auf und ab. Rauche eine Zigarette, jetzt ist die Schachtel leer. Mein Herz pocht so schmerzhaft in meiner Brust, dass ich es mir herausreißen will, wegwerfen, einfach fort damit, damit es nie wieder weh tun kann. All die Erinnerungen, die wir dank unserer Freundschaft teilen, fliegen mir um die Ohren.

Warme Sommertage unter Apfelbäumen. Langweilige Schultage, an denen ich sehnsüchtig auf die Pause wartete, nur um mit Nate irgendeinen Unsinn anzustellen. All die Freitagabende. All seine Macken und Eigenarten, die ich in- und auswendig kenne. Vielleicht hört man niemals wirklich auf, einen Menschen zu kennen. Egal, wie viel Distanz dazwischenliegt, egal, wie viel Zeit vergangen ist. Kann jemand, den man so gut kennt, einem wirklich jemals fremd werden? Kennt man ihn im Grunde seines Herzens nicht für immer?

Nach einem tiefen Atemzug drücke ich die Klingel. Es ist Mary, die mir die Tür öffnet. Trauer schleicht sich in ihren Blick.

»Sakari«, sagt sie leise. Ich komme am besten sofort zur Sache.

»Ich muss mit Nate reden.«

»Allerdings«, stimmt sie mir zu. Ihre Trauer versetzt mir einen Stich, da ich weiß, dass sie ihrem Sohn gilt. Sie ruft nach Nate, und kurze Zeit später kommt er die Treppe herunter, erscheint an der Tür, sein Haar wie immer zerzaust, seine Augen gerötet und sein Blick steinhart, als könne nichts und niemand ihn mehr erweichen.

Mary geht, und Nate schließt die Tür hinter sich, kommt zu mir in die Kälte. Schweigend steht er vor mir. Ein Teil von mir möchte sich entschuldigen. Ein Teil von mir möchte ihn in die Arme schließen und nie wieder loslassen. Ein Teil von mir möchte von vorne beginnen.

Aber das wird nie möglich sein. Niemals. Ich mache einen Schritt auf ihn zu, und er senkt den Blick, versucht, mich nicht anzusehen. Alex' Worte kommen mir wieder in den Sinn. *Weglaufen ist gar nicht so schlimm. Die Frage ist nur, ob du zurückkommst.*

Nate flüstert: »Ich weiß, dass das alles unglaublich schwer für dich ist. Aber ich möchte einfach nur ein Teil davon sein. Ein Teil deines Lebens.« Er streckt die Hand aus, legt sie an meine Wange, und ich lasse es geschehen. Präge mir diese Berührung ein, so gut ich kann. Die vielen Jahre, die wir miteinander verbracht haben, haben mich gelehrt, dass Nate keine Versprechen gibt und keine Versprechen annimmt, die nicht eingehalten werden können.

»Ich komme zurück zu dir«, sage ich. Ich spüre, dass meine Augen feucht werden. »Ich verspreche es.«

Ich weiß, dass er versteht. Er kann mich nicht zurückhalten. Nate lässt seine Hand sinken. »Du kannst nicht einfach gehen.« Er kann nicht begreifen, dass ich ihm nur den Schmerz ersparen will, den er nicht verdient. Ich kann seine Hilfe nicht annehmen. Und so etwas tut weh. Sogar meinem unglaublich starken, unerschütterlichen Nate.

»Hörst du nicht, was ich gesagt habe?« Ich versuche, meine Stimme nicht brechen zu lassen. »Ich komme zurück.« Denn daran glaube ich. Und dieser Glaube ist monumental.

Sein Blick spricht Bände. Er blinzelt seine Tränen fort, atmet tief ein und macht einen Schritt zurück. Er nimmt mein Versprechen an. Er lässt mich gehen.

Und ich gehe.

31

Ich finde mich auf dem Teppichboden meines Zimmers wieder. Das Bild, das ich nie zu Ende gemalt habe, in meinen Händen. Kari hockt auf dem Bett und beobachtet mich. Sie ist nicht gerade die Schweigsame von uns beiden, und doch hat sie seit meinem Besuch bei Nate nicht ein Wort verloren.

Die Stille ist belastend.

»Was denkst du?«, frage ich sie. »Warum hast du das getan?«, stellt sie ihre Gegenfrage. Ich kann gar nicht mehr zählen, wie oft sie mich das schon gefragt hat. »Das weißt du«, gebe ich zurück.

»Sag es trotzdem.«

Der Gin pocht noch in meinem Kopf. So wie der dumpfe Schmerz, der von dem Wissen herrührt, dass ich Nate stehengelassen habe.

»Weil ich etwas herausfinden muss.«

»Und was ist mit Nate?«

»Er wird es verkraften.«

»Du weißt, wie viel du ihm bedeutest.«

»Manchmal muss man einen Weg alleine gehen.«

»Und was für ein Weg soll das sein?«

Mein Blick gilt wieder dem Bild. Ich möchte einen Pinsel nehmen. Ich muss es zu Ende bringen. Alles in mir schreit danach. Aber meine Hände rühren sich nicht. Sie sind noch nicht so weit.

»Ich muss es herausfinden«, wiederhole ich leise. Kari sitzt plötzlich neben mir, ihre, meine Hand auf meiner Schulter, die sich so echt anfühlt. Und doch erschreckt es mich jetzt nicht mehr.

»Was musst du herausfinden?«

Ich schaue ihr ins Gesicht, die feuerroten Lippen, die dunkel geschminkten Augen, die so lebendig leuchten, wie meine Augen es vielleicht noch nie getan haben. »Ich muss wissen, was hinter dem Schmerz liegt.«

Kari grinst mich an. »Das klingt nach einem Plan.«

Die Tage verschwimmen ineinander. Ich weiß nicht genau, wann sie anfangen und wo sie aufhören. Es sind Tage, an denen Kari nicht geht. Sie verschwindet nicht. Morgens ist sie da und abends, wenn ich ins Bett gehe, auch. Sie füllt meinen Alltag aus. Ich lerne nicht mehr für das kommende Schuljahr, sondern treibe mich in Einkaufszentren rum, gehe shoppen von dem bisschen Taschengeld, das meine Eltern mir überweisen, und suche mir die buntesten Klamotten aus. Genau wie Kari es machen würde.

Es gefällt mir, wie ähnlich wir uns auf einmal sehen. Es gefällt mir, dass wir zusammen Netflix gucken, Bücher lesen, draußen herumlungern, jetzt, da die Tage endlich wärmer werden. Ein halber Monat ist vergangen, seitdem habe ich nichts von Nate gehört und mich auch nicht bei ihm gemeldet.

An diesem Freitagabend ruft Alex mich an.

»Ich stehe vor deiner Tür«, flötet sie ins Handy, bevor ich hallo sagen kann. Ich laufe durch den Flur, Kari hüpft gut gelaunt in Rock und Top und mit Herzchensonnenbrille im Haar hinterher. Ich öffne die Tür, und Alex steht völlig aus der Puste vor mir.

»Hallo, Sakari«, begrüßt sie mich und drückt mir einen feuchten Schmatzer auf die Wange. Dann schaut sie kurz in die Luft und winkt irgendjemandem zu, den ich nicht sehen kann. »Hallo, Kari.«

Kari verdreht die Augen. »Sie ist hinter mir«, schmunzele ich, und Alex zuckt mit den Schultern. »Von mir aus.«

Sabri kommt gerade aus seinem Zimmer und beäugt uns misstrauisch. »Wer ist hinter dir?«

Alex macht eine entschuldigende Miene, aber ich ignoriere meinen Bruder einfach und ziehe Alex in Richtung Garten.

»Ich hatte einen Gedanken«, fängt Alex unvermittelt an. Kein Fan von Smalltalk eben. »Vielleicht leidest du unter Schizophrenie!«

Ich schaue sie eine Weile verdattert an, bevor ich Kari laut gackern höre.

»Alex«, ich muss selber ein Lachen unterdrücken, »denkst du, der Gedanke wäre mir nicht längst gekommen? Ich habe drei Monate lang in der Klinik mit solchen Leuten regelmäßig Zigaretten geraucht. Ich glaube nicht, dass ich schizophren bin.«

Alex nickt. »Dachte ich mir.«

»Bist du den ganzen Weg hierhergekommen, nur um mir das mitzuteilen?«

»Sei nicht albern.« Alex drückt ihre halbgerauchte Zigarette aus und schiebt sich ein Kaugummi in den Mund.

Wir verbringen den Abend im Garten damit, über unsinniges Zeug zu quatschen, hauptsächlich über mich und meine Nicht-Schizophrenie und süße Jungs aus Alex' Stufe, von denen sie ja leider bald Abschied nehmen muss.

Ich puste kleine Ringe in die Luft, Kari liegt auf dem Rasen, und Alex erwähnt Nate.

»Er hängt jetzt immer mit irgendwelchen Jungs im Park herum.«

Das wundert mich. Nate ist eigentlich nicht so ein Mit-irgendwelchen-Jungs-im-Park-Rumhänger. Na ja. Er hat ja auch die meiste Zeit mit mir verbracht.

»Aha«, sage ich, so teilnahmslos wie möglich. Alex mustert mich prüfend.

»Ihr habt überhaupt keinen Kontakt?«

Ich schüttele den Kopf. Sie ist nicht die Erste, die fragt, aber meine Eltern haben schnell gemerkt, dass es sinnlos ist, mich über das Thema auszuquetschen, da ich immer zickig und abweisend reagiere. Mein Bruder Sabri sagt nichts dazu. Momentan ist er viel unterwegs und mit ganz anderen Sachen beschäftigt.

Als meine Eltern heimkommen, bleibt Alex noch zum Essen, wir verabreden uns fürs Wochenende, und ich gehe gut gelaunt und den dumpfen, nervigen, sehnsüchtigen Stich im Herzen, der vom Gedanken an meinen vermeintlich besten Freund herrührt, ignorierend ins Bett.

32

Meine Tage sind ausgefüllt. Vielleicht sind es sogar glückliche Tage. In den meisten Fällen. Ich habe ein Ziel vor Augen. Nicht nachgeben. Einfach weitermachen. Einen Weg finden. Einen Weg finden, damit zu leben.

Aber niemand kann die Schatten vertreiben, wenn sie kommen. Niemand weckt mich aus meinen Albträumen von dem Jungen ohne Gesicht auf. Niemand vertreibt die unmittelbare Dunkelheit, die sich immer wieder anschleicht, um mich an das zu erinnern, womit ich zu leben versuche.

Die Vergewaltigung. Ich denke es, und ich spreche es aus. Aber das macht die Bedeutung dieses Wortes nur noch realer. Und mit der Dunkelheit kommt auch die Besessenheit.

Ich muss verrückt sein. Aber ich kann nicht anders. Ich versuche, ein Gesicht zu finden. Ich gebe einen Vornamen bei Facebook ein, das Einzige, woran ich mich erinnern kann, und verbringe Stunden damit, nach einem Gesicht zu suchen, das *seinem* ähnelt. Natürlich kommt nichts dabei heraus. Und meine Erinnerungen werden nicht besser. Ich habe kein Gesicht.

Trotzdem tue ich es, immer wieder. Nächtelang. Wie eine Wahnsinnige surfe ich im Internet herum, lese die Nachrichten, lese von Missbrauch an Kindern, Gruppenvergewaltigungen, Jungen, die noch nicht einmal in der Pubertät sind und sich an Mädchen vergreifen.

Ich habe diese Mädchen vor Augen. Ich sehe sie vor mir, die Angst, die sie jetzt haben, der Schmerz, mit dem sie jetzt leben müssen.

Ich werde wütend wie noch nie zuvor. Mit voller Wucht kracht meine Faust in die Tastatur, hinterlässt kleine Buchstabenplättchen, die sich auf meinem Teppich verteilen, ich springe auf, renne hinunter in den Garten, trete Blumentöpfe um, schlage auf den Flieder ein, der dieses Jahr so schön blüht. Hände packen mich von hinten und drücken mich in den Rasen. Die Berührung versetzt mir einen derartigen Schock, dass sich meine Muskeln sofort verkrampfen und Ruhe geben.

»Hör auf!« Sabri drückt mir sein Knie in den Rücken. »Was immer du da tust, hör auf!«

Schwer atmend warte ich ab, bis der Lärm in meinem Kopf abklingt. Meine Mutter rennt in den Garten, mit großen Augen beobachtet sie das Geschehen. Sabri lässt mich los, ich stehe auf und spüre das Blut, das meine Hände hinabrinnt. Meine Mutter zieht mich in die Küche, kramt nach Desinfektionsmittel, Sabri holt eine Pinzette und sie zieht mir eine Scherbe aus der Hand.

»Was ist passiert?«, fragt sie.

»Du weißt, was passiert ist!«, schreie ich sie an. Mom zuckt zurück, als hätte ich ihr eine verpasst. Ich verbinde meine verwundete Hand und verlasse die Küche, ohne noch ein Wort zu sagen.

Ruhelos tappe ich in meinem Zimmer auf und ab. Ich höre Sabri und Mom lautstark diskutieren, mein Vater, der nichts mitbekommen hat, versteht die Welt nicht mehr. Aber mich kümmert nicht, was sie sagen.

Kari sitzt im Schneidersitz auf dem Bett, die Lippen nachdenklich verkniffen und Däumchen drehend.

»Reg dich wieder ab«, sagt sie.

»Halt die Klappe«, fahre ich sie an und schiebe mit einem Fuß die Tastaturteilchen zur Seite. Da ist nichts mehr zu machen. Der Laptop ist im Eimer.

»Deine Wut hilft keinem.« Kari spielt an ihren Haaren herum, als würde sie das Ganze hier überhaupt nicht kümmern.

Ich lasse die Schultern hängen. »Diese Welt macht mich krank.«

»Diese Welt ist schön.«

»Weißt du eigentlich, was für einen Bullshit du redest?«

Es klopft an meiner Zimmertür. Bevor ich etwas sagen kann, kommt Sabri rein.

»Mom weint«, sagt er.

»Sie hat ja auch nichts Besseres zu tun«, gebe ich zurück. Sabri stöhnt auf und rauft sich die Haare. »Was hast du angestellt?« Er sieht das Chaos auf dem Boden. Ich antworte nicht.

Sabri setzt sich auf die Bettkante, Kari direkt hinter ihm. Sie pustet ihm ins Ohr, er verzieht keine Miene. Ich werfe ihr einen bösen Blick zu.

»Was hast du?« Mein Bruder sieht müde aus. »Warum redest du nicht?«

»Du würdest es eh nicht verstehen.«

Sabri schweigt eine Weile, steht dann auf und zieht wahllos einen Pullover aus meinem Schrank. »Zieh dich an«, befiehlt er. »Und komm mit.«

33

Auch wenn der Frühsommer naht, der Abend ist unfassbar kalt. Wir laufen lange und haben den belebten Teil der Stadt bereits verlassen. Sabri schaut stur geradeaus, ich folge ihm einfach, wir reden nicht. Ich zittere, obwohl ich dachte, meine Wut würde langsam abklingen.

Tut sie nicht. Kari schleicht neben mir her, schaut immer wieder zu Sabri rüber, als warte sie genauso auf ein Wort von ihm wie ich.

Irgendwann erreichen wir ein verlassenes Fabrikgelände. Sabri geht voran, durch ein unverschlossenes Tor, direkt in eine der Hallen. Ich wundere mich, dass nichts verschlossen ist, und folge meinem Bruder trotzdem schweigend.

Die große, modrig müffelnde Fabrikhalle steht voller Zeug. Kaputte Autos, Motorräder, eine zerfetzte Couch und vielleicht etwas, das mal ein großer Schrank war, der jetzt in Einzelteilen auf dem Boden verteilt liegt.

»Pass auf, dass du nicht in Scherben trittst«, warnt Sabri mich. Ich schaue mich vorsichtig um, Kari ist schon in den hintersten Ecken, inspiziert jeden Schrotthaufen.

»Was ist das alles?«

Sabri antwortet nicht und geht zu einer unförmig aussehenden Plane, die auf dem Boden liegt, und zieht darunter einen Baseballschläger hervor. Ich mache automatisch ein paar Schritte zurück.

»Okay, das war eben nicht mein bester Moment, aber du musst mich nicht gleich verprügeln!«

Sabri schnaubt verächtlich. »Keine Sorge.« Er hält mir den Schläger hin.

Verständnislos starre ich das Teil an.

»Denkst du, du bist die Einzige, die wütend wird?«, fragt Sabri. Er deutet auf den kaputten Schrank. »Das war mein Einsatz. Die Leute stellen hier ihr Zeug ab, das sie nicht mehr haben wollen. Und ich komme her und mache es kaputt.«

»Hä?«

Sabri verdreht die Augen, geht auf das schief liegende Motorrad zu und schlägt mit voller Wucht den Seitenspiegel ab.

Bei dem lauten Klirren zucke ich zusammen. Kari lacht begeistert und klatscht in die Hände. »Volltreffer!«

»Das ist doch bescheuert«, sage ich.

»Warum?« Er zuckt gleichgültig mit den Schultern. »Die Leute wollen es doch nicht mehr. Wen juckt's? Manchmal kommt jemand und bringt das Zeug zum Schrottplatz oder was weiß ich. Aber hier steht immer wieder was Neues rum.«

Ich fühle mich nicht wohl bei dem Gedanken, sinnlos auf Gegenstände einzuschlagen, auch wenn ich eben nichts anderes getan habe.

Sabri legt mir seine Hände auf die Schultern.

»Du bist wütend! Ich bin auch wütend! Also lass uns die Scheiße hier kaputt machen, bevor wir Mom zum Weinen bringen.«

Natürlich weiß ich nichts hiervon. Natürlich weiß ich nichts von dieser Halle, in die mein Bruder geht, um Dinge kaputt zu machen. Sabri hat seine Geheimnisse, genau wie ich, obwohl ich uns immer für eine offene Familie gehalten habe. Ich muss schlucken. »Warum bist du wütend?«

»Das hat so viele Gründe. Dass niemand auf dich aufgepasst hat. Der Klimawandel. Was weiß ich.«

»Und was steht ganz oben auf der Liste?«

Sabri lässt die Hände sinken. Er sieht mich nicht an. »Da ist ein Mädchen. Und ich kann nicht mit ihr zusammen sein.«

Ich versuche, meine große Überraschung nicht zu zeigen. Seit ich denken kann, hatte Sabri keine Freundin. »Warum nicht?«, frage ich vorsichtig nach. Sabri stützt sich auf den Baseballschläger. »Weil sie kaputt ist. Und weil sie Angst hat.«

Ich möchte meinen Bruder umarmen und das Mädchen zum Teufel jagen. Aber wie könnte ich das? Ich, die genau weiß, wie sich das anfühlt? Sabri hält mir erneut den Schläger hin. Diesmal nehme ich ihn.

Und ich schlage zu. Ich schlage auf ein Gesicht ein, an das ich mich nicht mehr erinnern kann. Ich schlage auf die Monster ein, die in dieser Welt rumlaufen und nicht das bekommen, was sie verdienen.

Ich schlage auf den Schmerz ein. Auf die Albträume. Auf die Panikattacken. Auf das Sommerfest. Auf Moms Tränen. Auf die Sehnsucht nach Nate und die Angst davor, ihm nahe zu sein.

Auf einfach alles.

Am Ende hocke ich schwer atmend und durchgeschwitzt zwischen Motorradteilen und Glasscherben, meine verbundene, schmerzhaft pochende Hand an die Brust gedrückt. Ich fühle mich seltsam leer. Sabri drückt mir einen Kuss auf den Kopf. »Das hast du gut gemacht.« Sein Handy klingelt, und er verschwindet aus der Halle, um den Anruf anzunehmen. Ich bleibe mit Kari zurück. Ganz ruhig sitzt sie da und schaut sich mein Werk an. »Fühlst du dich jetzt besser?«

»Ich weiß es nicht.«

Sie nickt, als hätte sie keine andere Antwort erwartet.

»Weißt du jetzt, was hinter dem Schmerz liegt?«

Wir schauen uns an. »Wut«, sage ich, obwohl es wie eine Frage klingt.

Kari beugt sich vor und drückt mir einen Schmatzer auf die Wange.

»Da ist noch so viel mehr.«

34

Die Besessenheit ist nun mein persönlicher Kampf. Nicht der Gedanke an Nate oder an die Zukunft. Nichts davon spielt jetzt noch eine Rolle, da die Vergangenheit noch extremer in der Gegenwart weilt, und die Besessenheit der Krieg ist, den ich austrage. Und ich weiß nicht, wer gewinnt.

Auch wenn die dunklen, schmerzhaften Tage weniger werden und die Erinnerungen an das unmittelbare Geschehen und all die schlimmen Wochen danach nicht mehr wie eine Flutwelle über mich hereinbrechen, lebt in mir ein Dämon.

Er kratzt und beißt und besteht aus Scham. Schuldgefühlen. Misstrauen in die Welt und mein eigenes Ich. Und vor allem aus Angst. Die Angst begleitet mich, wohin ich auch gehe, und nur der süße oder bittere Geschmack von Alkohol kann sie ein wenig lindern – so wie damals. In der Klinik war jede Art von Alkohol oder anderen Drogen bis auf Nikotin verboten. Bei mir sprachen die Ärzte und meine Therapeutin von Alkoholmissbrauch, und sie hatten vollkommen recht. Wenn ich nicht trank, fühlte ich mich nicht gut.

Also trank ich. Ich weiß nicht mal mehr, ob es jeden Tag war oder nur ein paarmal in der Woche, aber ich weiß, dass ich es *gebraucht* habe.

Jetzt bin ich mir nicht mehr so sicher, ob ich es brauche. Ich weiß nur, dass es die Angst für einen Moment in die Flucht schlägt, und ich mich wieder wie ein normales Mädchen fühle, das Spaß hat an all den Dingen, die es tut. Jetzt gehört es zu dem Krieg, den ich führe, dazu, den Alkohol nicht mehr zu brauchen, sondern zu genießen.

Nach meinem nächtlichen Spaziergang mit Sabri frage ich mich oft, ob es Sinn machen würde, irgendwem meinen inneren Kampf erklären zu wollen. Ob ich ihn überhaupt wirklich erklären könnte.

Aber da ist nur Kari. Und sie tanzt, und sie lacht, und sie zieht mich mit, und ich sehe ihr ähnlicher und ähnlicher, und sie geht nicht weg.

Und ich denke langsam, dass dieser Krieg mit ihr an meiner Seite am erträglichsten ist.

So erträglich, wie ein Kampf gegen mich selbst eben sein kann.

Eines Morgens muss ich an Josh denken. Ich sitze im Garten und genieße die warme Frühlingsluft auf der Haut. Joshs Gesicht kommt mir in den Sinn, nur ganz kurz.

Kari sitzt neben mir, das Gesicht Richtung Sonne gewandt, in einem Frühlingskleid und dünner Strumpfhose. Auch ich habe mich heute für ein Kleid entschieden, was ihrem sehr ähnelt. Wir sehen aus wie Zwillinge, kaum zu unterscheiden. Sie dreht ihr Gesicht zu mir. Der einzige Unterschied zwischen uns ist die Herzchensonnenbrille und der rote Lippenstift.

»Er hat dir gefallen«, bemerkt sie. Ich zucke mit den Schultern. »Vielleicht.«

»Wärst du auch weitergegangen?«

Ich brauche eine Weile, bevor ihre Frage bei mir ankommt.

»Wovon sprichst du?«

»Von Sex«, antwortet sie sofort. Ich habe versucht, Sex nicht zu diesem unangenehmen Thema zu machen, über das auf einmal niemand mehr mit mir reden will. Alex plaudert auch locker über ihre Bettgeschichten, selbst wenn ich nicht danach gefragt habe. Bei mir gibt es nicht viele Geschichten, die ich mit irgendwem teilen könnte. Selbst von Nates Bettgeschichten weiß ich nichts, auch wenn ich mir sicher bin, dass es welche gibt. In der Schule waren einige Mädchen auf ihn aufmerksam geworden, aber ich hatte nie einen Grund, eifersüchtig zu sein. Er war ja schließlich *mein* bester Freund. Und auch, wenn ich verliebt in ihn gewesen bin, habe ich mir den Gedanken an Sex mit ihm selten erlaubt.

»Ich glaube nicht, dass ich weitergegangen wäre«, sage ich leise. Kari bekommt diesen Blick, und ich weiß, dass das, was jetzt kommt, nichts ist, was ich hören möchte.

»Du solltest Sex haben. Einfach mal Spaß haben, dich hingeben.«

»Klar. Ich könnte ja eine Anzeige aufgeben. Weibchen, zwanzig Jahre jung, braucht ein bisschen Spaß. Bei Interesse bitte melden.«

Kari verdreht die Augen. »Ich meine nur, dass deine letzte Erfahrung nicht mehr deine letzte sein sollte.«

Ich spüre den Reißverschluss in meiner Brust. »Das war kein Sex«, fauche ich. Kari hebt beschwichtigend die Hände. »Habe ich auch nicht gesagt. Ich meine nur, dass es vielleicht helfen könnte.«

Ich stehe auf, gehe in mein Zimmer, und zu meiner Erleichterung folgt Kari mir diesmal nicht. Was auch immer ihre Intention war, ich muss wieder unmittelbar *daran* denken. An das Gefühl von den Händen an meinen Hüften. An meinem Nacken, meinem Rücken, fest und grob.

Ich frage mich, wie sich dort jetzt zärtliche Hände anfühlen würden. Warm und vorsichtig, liebevoll. Es fällt mir noch schwerer, es mir vorzustellen, als ich gedacht hätte.

Ich fürchte, keine Hände dieser Welt könnten mich *seine* vergessen lassen.

35

Es ist ein merkwürdiger Abend. Etwas liegt in der Luft. Es ist so ungewöhnlich warm für Mai, dass man meinen könnte, der Hochsommer habe sich um zwei Monate vorgeschoben. Ich sitze wieder im Garten, Kari liegt auf dem Rasen und betrachtet den Himmel. Meine Eltern kommen heraus.

»Gehst du nicht aus heute?«, fragt Mom. Ich zucke mit den Schultern.

»Weißt du, wo Sabri abgeblieben ist?« Ich mustere die beiden. »Nur weil wir Geschwister sind, erzählen wir uns noch lange nicht, wo wir hingehen.«

Mom lacht. Es scheint wieder einer dieser Abende zu werden, an denen die beiden stundenlang zusammensitzen und nichts anderes tun als reden. Mom und Dad führen dann so angeregte Unterhaltungen, dass ich mich frage, wie sie nach so vielen Jahren Ehe überhaupt noch so viel zu bequatschen haben können.

Vielleicht ist das ja Liebe. Du wirst immer mit diesem Menschen reden wollen und es immer können. Nicht jeden Tag, nicht andauernd, aber trotzdem immer.

Der Anblick ist schön und versetzt mir einen Stich. Ich würde gerne mit Nate reden. Und ein Teil von mir weiß, dass auch er mit mir reden will. Aber Wollen und Können sind doch zwei unterschiedliche Dinge.

Ich sitze eine Weile mit Mom und Dad zusammen, bis Alex mich anruft. Natürlich. Somit kann das Wochenende beginnen.

»Hallo«, sage ich.

»Komm raus, lass uns was trinken. Ich habe so ein Gefühl.«

»Was für ein Gefühl?«

»Ein kribbeliges.«

»Aha.« Wir machen einen Treffpunkt aus. »Komm«, fordere ich Kari auf. Mom und Dad schauen mich verwirrt an. »Was?«

Kari hüpft kichernd auf mich zu. Ich deute auf sie, wohl wissend, dass meine Eltern sie nicht sehen können. »Das ist Gustav, unser Hausgeist. Ich gehe jetzt mit ihm weg.«

Dad schüttelt den Kopf, Mom runzelt die Stirn, und Kari zetert los.

»*Gustav*? Was ist das für ein Name?!«

Wir sitzen zu dritt im Park, unten am Wasserlauf. Wir lassen unsere Füße vom Steg baumeln, trinken Bier und schauen aufs glitzernde Wasser hinaus.

»Wirst du immer noch verfolgt?«, fragt Alex. Ich nicke. Kari hat ihren Kopf auf meine Schulter gelegt und summt leise vor sich hin. Alex schenkt dem Wasser unter uns ein schiefes Lächeln.

»Nicht schlecht. Ein Wunder, dass du darüber noch nicht den Verstand verloren hast.«

»Sei dir da mal nicht so sicher.« Darauf stoßen wir an.

»Hast du was von Nate gehört?« Ich komme nicht umhin, es wissen zu wollen. Meine Eltern kann ich nicht nach ihm fragen, sie sind Freunde seiner Eltern. Aber Alex steht außen vor, sie ist so neutral wie die Schweiz.

»Manchmal sehe ich ihn in der Schule. Er arbeitet immer noch in der Werkstatt bei seinem Onkel. Sonst weiß ich nichts.«

»Fragt er nach mir?«

»Jedes Mal, wenn ich ihn sehe.«

Kari seufzt. »Hättest du mal lieber nicht gefragt.« Recht hat sie.

Alex leert ihr Bier. »Reine Neugierde. Was zur Hölle macht dir so 'ne Angst? Ich dachte, ihr seid unzertrennlich.«

»Ich will ihm nicht weh tun«, sage ich so leise, dass sie mich vielleicht nicht hört. Aber sie hat mich gehört.

»Ich kann ihn nicht lieben, wenn ich mich nicht selbst lieben kann. Ich kann nicht mit ihm zusammen sein, wenn ich so vieles noch nicht überwunden habe.«

»Aber er könnte helfen«, sagt Alex. Ich schüttele den Kopf. »Nein, das kann er nicht.«

Kari runzelt die Stirn. Jetzt schauen beide mich an, als würde ich sinnloses Zeug brabbeln.

Ich schließe die Augen und spüre den Kloß im Hals. Mit aller Macht schlucke ich ihn runter. »Ich würde ihn dazu benutzen zu vergessen, was man mir angetan hat.«

Alex schweigt eine Weile. »Ich glaube nicht, dass es das ist.«

Sie macht wieder eine lange Pause, bevor sie spricht.

»Du weißt nicht mehr, wer du bist. Oder?«

Was soll das überhaupt bedeuten. Wer ich bin? Wer weiß schon jemals, wer er ist?

»Ich weiß, wer ich mal war«, sage ich. Eine Tänzerin. Eine Malerin. Ein glücklicher Mensch und verliebt, ohne je zu wissen, ob diese Liebe erwidert wird. Aber ich war ich selbst. Mein Lächeln war echt. Ich hatte eine schöne Zukunft vor Augen.

Alex legt mir einen Arm um die Schultern.

»Ich bin mir sicher, dass du es wieder wissen wirst.«

Wir trinken aus. Hinter uns knackt ein Ast. Ich drehe mich und schaue zwei Typen, vielleicht ein wenig älter als wir, vor die Brust.

»Na hallo!«, flötet Kari und reibt sich die Hände.

36

Der Linke fällt mir sofort auf. Er ist riesig. Sein weißes T-Shirt spannt sich über seiner Brust, seine markanten Wangenknochen stechen hervor, und sein Kopf ist bedeckt mit dichtem dunklen Haar. Auf seinen Armen schlängeln sich schattenhafte, düstere Tattoos entlang, bis hinauf zu den Schultern, wo sie unter den kurzen Ärmeln verschwinden. Der Rechte ist etwas kleiner, hellblond, mit Grübchen und hitzigen Augen, die grün funkeln. Sein Grinsen ist direkt sympathisch. Alex mustert die beiden von oben bis unten.

»Heiß«, sagt sie. Ich laufe sofort rot an und ramme ihr meinen Ellenbogen in die Rippen. Der Hellblonde setzt ein noch breiteres Grinsen auf. »Dürfen wir uns dazugesellen?«

Der Riese steht stumm daneben, sein Blick ist undurchdringlich. Beinahe kalt.

Alex legt nachdenklich einen Finger unters Kinn. »Kommt drauf an. Was hätten wir davon?«

Jetzt öffnet der Linke seinen Mund, und seine tiefe Stimme geht mir durch Mark und Bein. »Bier.«

Alex strahlt. Und der Abend beginnt.

Ein paar Flaschen Bier später plaudern wir alle, als wären wir gute alte Freunde, die sich ewig nicht gesehen haben. Ich muss schon sagen, Alex weiß, wie man Spaß hat. Mit Chris versteht sie sich auf Anhieb, im Stillen nenne ich ihn Blondchen. Ben ist der mit den Tattoos. Er macht die ganze Zeit so schlechte Witze, dass ich gar nicht anders kann, als jedes Mal in Gelächter auszubrechen.

Wir spielen Trinkspiele. Wir hören Musik mit Chris' Anlage, die er von zu Hause mitgebracht hat. Die beiden werden bald zusammen wegziehen und Philosophie studieren.

»Na, viel Spaß dabei«, ist mein Kommentar dazu. Ben macht eine entschuldigende Miene. »Keine Ahnung, was wir uns dabei gedacht haben.«

Chris legt ihm freundschaftlich einen Arm um die Schultern. »Es war deine Idee.«

Ben grinst. »Hab nie gesagt, dass es eine gute ist.«

Ich mag die beiden. Kari hält sich die ganze Zeit im Hintergrund, bis sich meine Blase meldet und ich zwischen den Büschen verschwinden muss. Aufgeregt rennt sie hinterher.

»Wow!«, flüstert sie. »Ja«, gebe ich zurück. Hinter mir ertönen Schritte, Alex greift meinen Arm. »Ich komm mit!«

Nachdem wir das Bier erfolgreich losgeworden sind, packt Alex mich leicht schwankend. »Die sehen soooooo gut aus!«

»Allerdings«, stimme ich zu. Alex ist ganz rot im Gesicht. »Komm bloß nicht auf die Idee zu zeigen, wie verrückt du bist! Du verjagst sie noch!«

Ich werfe einen Blick zu Kari, sie lächelt mich nur an.

»Ich mach schon nichts.«

Alex strahlt wie ein Kind und rennt wieder zurück zu den Jungs. Ich zünde mir eine Zigarette an. Kari spielt am Saum ihres Kleids und mustert mich prüfend. »Was ist?« Ich schnippe Asche in ihre Richtung.

»Weißt du noch, was ich vorhin gesagt habe?«

Sie meint das Sexgespräch. Ich nicke langsam.

»Dieser Ben ...«

Ich seufze frustriert auf. »Echt jetzt?«

»Ich sehe doch, wie du ihn anguckst. Er ist *wirklich* heiß. Und er scheint nett zu sein. Und er bleibt eh nicht mehr lange hier.«

Scheinbar nett zu sein, ist nicht unbedingt das, was mich überzeugt.

Aber das Bier hat schon meine Sinne verwirrt, und ich weiß, dass ich Ben bei jeder Gelegenheit angestarrt habe.

Ohne noch ein Wort zu sagen, gehen wir zurück. Ich gehe in die Offensive und spreche Ben direkt an, während Alex und Chris schon dabei sind, sich in ihre Flirterei zu verlieren.

»Darf ich deine Tattoos sehen?«, frage ich. Ben lächelt zurückhaltend und hält mir seinen Arm hin. Eine Frau mit geschlossenen Augen und den Mond in ihren Händen. Darüber ein Rabe, der die Flügel ausbreitet, umgeben von schattenhaften Wesen. Aber das Eindrucksvollste ist das Leuchten weißer Zähne, böse und gruselig, direkt quer über seinen Unterarm, inmitten von Schwärze. Ich komme aus dem Staunen nicht heraus.

»Wie kommt man auf so was?« Ich schüttele den Kopf. Ben zuckt mit den Schultern. »Ich mache, was mir gefällt. Falls du jetzt eine tiefgründige Absicht dahinter erwartet hast, muss ich dich enttäuschen.« Wir schauen uns an. »Ich bin nicht enttäuscht«, sage ich und berühre die Zähne auf seiner Haut.

Ben hebt seine Augenbrauen, und in dem Moment, in dem wir uns ansehen, gehe ich in Flammen auf. Ich weiß nicht, was es ist. Vielleicht ist es das kribbelige Gefühl, von dem Alex vorhin gesprochen hat. Oder genau das, was Menschen am Flirten so toll finden. Oder einfach nur das Bier. Was immer es ist, es fühlt sich gut an.

So lange, bis Ben in seinen Rucksack greift und eine kleine

Papiertüte hervorzaubert. Chris macht große Augen und Alex beugt sich neugierig vor. »Was ist das?«

Ben schaut mich immer noch an. »Mushrooms. Wollt ihr auch?«

37

Ich bin nie ein Fan von Drogen gewesen. In der achten Klasse rauchte ich meine erste Zigarette mit Nate, in der zehnten rauchten wir unseren ersten Joint und tranken heimlich Dads Whiskey. Die Dinge haben sich ebenso entwickelt. Aber Pillen, Pilze, Spritzen und das ganze Zeug ist uns nie wirklich in den Sinn gekommen.

Für einen Moment bin ich abgeschreckt. Ben sitzt da, mit einem leichten Lächeln auf den Lippen, den dunklen, schrumpeligen kleinen Pilz zwischen den Fingern. Chris bedient sich selbst. Er greift sich einen, kaut lange und gründlich, ohne die Miene zu verziehen, und spült das Ganze mit Bier runter. Alex grinst. »Ich hab das noch nie gemacht. Wie wirkt das?«

Ben hält es für simpel. Es kann bis zu einer halben Stunde dauern, bis es wirkt. Anfänger sollten die Dosierung klein halten. Es schmeckt widerlich. Halluzinationen können auftreten.

»Das kann schiefgehen«, füge ich hinzu. Was so viel heißt wie, wenn man Pech hat, stirbt man acht Stunden lang vor Angst. Je nachdem, wie lange es wirkt. Man sieht Dinge, die man nicht sehen will. Alex zuckt mit den Schultern. *»No risk, no fun!«* Ben gibt ihr das runzelige Ding. »Ich warte auf dich«, sagt Alex. Ich bin unschlüssig. Kari neben mir inspiziert mit großen Augen die Tüte.

»Lass uns einmal etwas tun, was wir nie tun würden«, sagt sie. Und so jagen wir die Vernunft zum Teufel.

Es ist anders, als ich erwartet habe. Die Welt ist warm und wattig. Ich bin in einen Kokon aus Wohlsein gehüllt. Alles, was die anderen sagen, bringt mich zum Lachen, und mein Lachen klingt fremd. Überhaupt nicht nach mir. Es ist viel zu laut und haltlos. Irgendwie hexenhaft. Wir sitzen immer noch am Wasser, und ihre Gesichter leuchten geheimnisvoll in der Dunkelheit. Ich berühre Alex' Wange. »Du fühlst dich so weich an«, sage ich. Ben berührt meine Hand. »Du auch«, sagt er. Wir berühren uns alle gegenseitig, nur um dann wieder in gackerndes Gelächter auszubrechen. Ich spüre die Zeit nicht mehr, und wenn sie vergehen sollte, dann langsam und geduldig. Wir stehen auf und verlassen den Park, rennen durch die Straßen, bleiben andauernd stehen und staunen über leuchtende Straßenlaternen und fallende Blätter. Ich versuche ab und zu, mein Handy zu benutzen, meiner Mutter zu schreiben, dass sie sich keine Sorgen zu machen braucht, aber das Displaylicht verwirrt mich zu sehr. Alex kommt mir zu Hilfe und schickt meiner Mutter eine Sprachnachricht, dass ich heute nicht nach Hause komme.

Die Nacht gehört uns. Irgendwann fällt mir auf, dass ich nicht auf Kari geachtet habe. Mitten auf dem Gehweg bleibe ich stehen, beinahe panisch. Die Jungs gehen vor, Alex bleibt bei mir.

»Wo ist sie?«, frage ich sie. Alex hört mir nicht zu, sie ist mit dem Riemen ihrer Tasche beschäftigt.

Da steht Kari neben mir. Wir starren uns an. Ich versuche, den Unterschied zu erkennen. Ich versuche, das zu sehen, was mich von ihr unterscheidet. Sie, die pure Freude in Person, ich, reserviert und gequält. Aber da ist kein Unterschied. Sie ist mein Spiegelbild. Jede Bewegung, die ich mache, macht auch sie. Wir sind zwei Magneten. Öffne ich den Mund, sagt sie, was ich sage. Sie ist ich, und ich bin sie.

Zum ersten Mal seit langer Zeit, seit alledem, fühle ich mich vollständig. Ich bin ein ausgemaltes Bild.

Irgendwo, in irgendeiner Ecke meines rationalen Denkens weiß ich, dass es nur die Pilze sind. Aber ich genieße es. Ich genieße alles.

Wir treffen auf eine Menschenmenge. Irgendeine Veranstaltung, laute Musik und tanzende Leute, die uns anrempeln. Ich verliere Alex, Ben und Chris aus den Augen. Nur Kari bleibt neben mir, ganz dicht. Ich bin überwältigt von der guten Stimmung und den vielen Leuten, von ihrer Schönheit. Plötzlich packt mich jemand an den Schultern. Ich fahre herum und schaue einem fremden Jungen ins Gesicht. Er ist ein ganzes Stück größer als ich und total besoffen. »Hey, Süße«, lallt er. Seine Freunde lachen sich kaputt. Ich versuche, ein Stück zurückzugehen, aber er hält mich fest. »Du bist echt hübsch«, sagt er und packt mein Gesicht, beugt sich wankend vor, als wolle er mich küssen. In dem Moment schreie ich los, ein Schalter in mir klappt um, und alle Schönheit um mich herum verschwindet. Der Junge lässt mich los, verdutzt für einen Moment, als würde ihm gerade erst klarwerden, was er tut, als eine noch größere Person ihn mit voller Wucht zur Seite schubst.

Ben.

Ich muss die Situation verlassen. Ich laufe los, bahne mir einen Weg durch die Menge zu einer kleinen Grünfläche. Hier steht eine Bank mit einem kleinen Springbrunnen. Ich konzentriere mich auf das Plätschern des Wassers, versuche, so ruhig zu atmen, wie ich kann, aber in meinem momentanen Zustand kann ich keine Kontrolle erlangen. Ben steht neben mir und greift nach meiner Hand.

»Alles okay?«

»Tut mir leid«, sage ich. Ich weiß nicht, wofür ich mich entschuldige.

»Das macht nichts«, sagt er.

Tränen rinnen meine Wangen hinab. Für einen Moment bin ich verwirrt. Ich bin nicht traurig. Aufgewühlt, aber nicht traurig. Es fühlt sich an, als würde sich ein Knoten in meiner Brust lösen. Jede Träne ist eine Erleichterung. Sind das wieder die Pilze?

Ben schenkt mir ein mitfühlendes Lächeln.

Stumm lasse ich die Tränen laufen und erwidere seinen Händedruck. Jetzt gibt es nichts Wichtiges zu sagen. Ich bin einfach erleichtert, dass er da ist und meine Hand hält. Und Kari die andere.

38

Wir finden Alex und Chris ein paar Straßen weiter wieder. Chris ist auf einem Baum geklettert, Alex hat einen Ast abgebrochen und lässt die Blätter über ihr Gesicht streifen. »Mach das auch mal«, kichert sie und hält mir den Ast hin. Ich lehne dankend ab.

Ich fühle mich zwar besser, aber der Vorfall von eben beschäftigt meine zusammenhanglosen Gedanken. Wird es immer so sein? Werde ich immer auf ein Arschloch treffen müssen?

Früher wäre es anders gewesen. Ich hätte darüber gelacht. Vielleicht hätte ich den Jungen wegschubsen können und seinen Freunden gesagt, sie sollen ihn nach Hause bringen.

Vielleicht hätte ich es ihm nicht so übelgenommen.

Aber jetzt? Jetzt nehme ich es ihm mehr als übel.

Wir laufen weiter durch die Nacht, bis wir einen anderen Park finden. Alex und Chris legen sich ins Gras und teilen sich ihre Visionen mit. Ben und ich beobachten sie eine Weile, bis die beiden anfangen rumzuknutschen. Ben grinst und deutet auf den Gehweg. »Lass uns ein bisschen spazieren gehen.« Wir laufen gemächlich vorwärts. Das Schweigen ist angenehm, aber Ben bricht es kurze Zeit später.

»Ist es das, was ich denke?«

Fasziniert von den dunklen Schatten um mich herum, die nicht bedrohlich, sondern schützend wirken, dauert es eine Weile, bis ich antworten kann.

»Was denkst du denn?«

»Dass dir etwas passiert ist. Etwas, das mit einem Jungen zu tun hat.«

Ich warte auf das Zusammenzucken, den Schaden, den seine Worte anrichten. Aber tatsächlich kann ich es diesmal als das annehmen, was es nun mal ist. Und das, was es eben bedeutet. Also nicke ich einfach.

Ben schweigt wieder. Er sieht mit mir zusammen den Schatten zu. Ich spüre wieder Kari neben mir, aber auch sie sagt nichts. Wir sind jetzt nicht mehr eins. Sie ist sie, ich bin ich. Und doch sind wir dieselbe. Irgendwie.

»Ich hätte es niemals gedacht«, sagt Ben. Ich schaue ihn fragend an.

»Du bist so fröhlich. Und du hast ein wunderschönes Lächeln. Ich hätte nie gedacht, dass du diese Last trägst.«

Ist das gut? Ist es schlecht? Ich hatte immer das Gefühl, diesen Stempel zu tragen. Als würde es auf meiner Stirn geschrieben stehen. Als würde es jeder sehen können.

Mir fällt nichts ein, was ich dazu sagen kann. Eigentlich will ich auch nichts weiter dazu sagen. Also bricht Ben wieder das Schweigen.

»In zwei Wochen ziehen wir weg. Ich hätte Lust, dich davor noch mal zu sehen.«

Ich schaue ihn wieder an. »Warum?«

Er grinst. »Ich mache, was mir gefällt. Falls du jetzt eine tiefgründige Absicht dahinter erwartet hast, muss ich dich enttäuschen.«

Kari stupst mich an. »Ich bin nicht enttäuscht«, sage ich.

Wir gehen zu Chris und Alex zurück, die auf der Wiese eingeschlafen sind. Wir sitzen neben ihnen, reden wirres, zusammenhangloses Zeug, das die Pilze uns auf die Zunge gelegt haben. Irgendwann geht die Sonne zwischen den Bäumen auf. Der Morgen ist kalt, aber das macht nichts.

Als die goldenen Strahlen durch die Baumkronen brechen, höre ich Karis glockenhelles Lachen. »Hast du je so etwas Schönes gesehen?«

39

Die Jungs bringen uns irgendwann zu Alex nach Hause. Wir fallen beide in ihr überdimensionales Himmelbett. Es ist etwas befremdlich, dass die Wirkung der Pilze verschwunden ist. Ich bin ein bisschen traurig.

Alex kuschelt sich an mich. »Du bist meine beste Freundin«, sagt sie.

»Du auch«, ich gebe ihr einen Kuss auf die Nase. Kari sitzt auf der Fensterbank und macht einen Schmollmund. »Willst du mich eifersüchtig machen?«

»Freu dich doch für mich. Es wäre etwas seltsam, wenn du meine einzige Freundin wärst.«

Alex ist schon im Halbschlaf. Ihre Lider flattern. »Wer soll sich freuen?«, murmelt sie.

»Meine bessere Hälfte natürlich«, antworte ich. Kari springt nicht auf das Kompliment an.

»Sei nicht neidisch, Kari«, flüstert Alex mit geschlossenen Augen ins Nichts. »Auch Wahnsinnige verdienen eine beste Freundin.«

Kari und ich grinsen uns an. Einen Herzschlag später bin ich eingeschlafen.

Gegen Nachmittag gehen Kari und ich wieder nach Hause. Mein Schädel brummt, mein Mund ist trocken, und ich fühle mich seltsam. Als wäre ich aus einem wunderschönen Traum aufgewacht. Ich versuche, das Gefühl festzuhalten, aber es verschwindet nach und nach, so wie Träume nach dem Aufwachen verfliegen.

Zu Hause angekommen, sehe ich eine Nachricht von Ben.

Hast du gut geschlafen?

Bevor ich sie öffnen kann, um zu antworten, sticht mir etwas anderes ins Auge. Nate hat auf WhatsApp ein neues Profilbild. Ich klicke drauf und sehe sein schiefes Lächeln, direkt in die Kamera gerichtet, neben ihm ein kleines blondes Mädchen. Ihre Augen sind zusammengekniffen, ihr Lächeln gibt zwei süße Grübchen frei. Sie stehen dicht nebeneinander. Ich lasse mein Handy fallen, vielleicht funktioniert meine Motorik noch nicht richtig, vielleicht bin ich erschrocken. Meine Mutter kommt mit einem dampfenden Becher in den Flur, in einem alten, viel zu großen T-Shirt von Dad. So wie jeden Samstag.

»Hallo. Hattest du einen schönen Abend?«

Ich nicke stumm. Ihr Blick wandert zu meinem Handy am Boden.

Langsam hebe ich es wieder auf. Mein erster Impuls ist, Nate anzurufen und ihn zu fragen, wer das Mädchen ist.

»Bist du bescheuert?«, zischt Kari. Ohne ein weiteres Wort verziehe ich mich in mein Zimmer und setze mich aufs Bett. Meine Kopfschmerzen werden stärker, und ich sollte dringend eine Dusche nehmen, aber alles, woran ich denken kann, ist das Mädchen neben Nate.

»Vielleicht ist es nur eine Freundin«, versucht Kari, mich zu beruhigen. Ich schaue sie nicht an. »Nate hatte außer mir keine Nur-Freundinnen.«

»Ach komm. Du hast ihn aus deinem Leben geworfen. Du kannst ihm nicht vorwerfen, dass er seins weiterlebt.«

Ich schaue sie an. Mein Gesicht, ruhig und gefasst, wie es mich anschaut, als hätte ich etwas ganz Wichtiges nicht begriffen.

»Aber …« Was aber? Nate gehört mir nicht. Er kann tun und lassen, was er will. Er ist zu nichts verpflichtet.

Kari schnipst mit den Fingern. »Und *du* auch nicht! Also nimm dein Handy, antworte Ben auf seine Nachricht und vergiss deine dumme Eifersucht.«

Ich tue, was sie sagt, und blende das Bild aus. Ich lege es in eine Schublade, ganz hinten in einer dunklen Ecke meines Geistes, verschließe sie gut und sorgfältig.

Er lebt sein Leben und ich meins.

Das ist es doch, was ich wollte.

40

Ben wird die neue Tagesordnung. Ich hätte eigentlich erwartet, dass jemand, der kurz davor ist, die Stadt mit seinem besten Freund zu verlassen, kein Interesse an neuen Freundschaften hat. Aber zu meiner Überraschung sehen wir uns beinahe jeden Tag. Wir gehen spazieren oder treffen uns zu viert bei ihm in seiner Wohnung, in der er mit seiner Mutter wohnt, die so gut wie nie da ist. Alex und Chris scheinen sich auch bestens zu verstehen. Aber ihre Beziehung ist rein körperlich, wie Alex mir detailreich mitteilt.

Kari kommt auf jedes Treffen mit Ben mit. Es ist schwierig, sich dabei unauffällig zu verhalten und nicht aus heiterem Himmel auf ihre Kommentare zu reagieren. Ich denke nicht, dass Ben ein Mensch ist, der von ihr erfahren sollte. Bei Josh war es etwas anderes. Es hat sich okay angefühlt, dieses Geheimnis mit ihm zu teilen. Ben nicht. Ben ist anders.

Ich glaube, ich habe noch nie einen so wilden, lebensfrohen Freigeist erlebt. Er macht, was ihm gefällt, damit hat er nicht untertrieben. Unter der Woche darf es auch mal ein bisschen Koks oder ein Pilz sein. Bier ist auch immer gerne gesehen. Wenn es sich ergibt, wird gerne mal aus Jux und Tollerei etwas angezündet, eine Mülltonne umgetreten. Bens Humor kennt keine Grenzen und keine Rücksicht. Es sieht mir nicht ähnlich, darauf abzufahren, aber es beeindruckt mich mehr, als ich zugeben will.

Er denkt nicht in Schubladen. Für ihn gibt es kein Schwarz und Weiß. Er sieht das Leben als einen großen Spaß. Ich kann mir nicht vorstellen, dass jemand wie er an irgendwas hängt oder eine tiefe Bindung zu den Dingen um sich herum entwickeln kann. Er ist fast wie ein kleines Kind, und doch besitzt er das Einfühlungsvermögen und die Empathie eines Mannes. Irgendwie widersprüchlich, und das macht ihn unfassbar interessant. Es macht ihn *gefährlich* interessant. Und so nimmt die erste Woche ihren Lauf, bis das nächste Wochenende kommt und Ben mich auf eine Party einlädt.

Kari und ich brezeln uns ein bisschen auf. Ein enger Rock, ein schönes schlichtes Oberteil, durchscheinende Strumpfhose und vielleicht ein bisschen mehr Augen-Make-up, als nötig gewesen wäre. Wir mustern uns im Spiegel. Karis roter Lippenstift und die passende Herzchensonnenbrille sind mal wieder der entscheidende Unterschied.

»Nimmst du die eigentlich je ab?«, frage ich sie, während ich mein Parfüm auftrage. Sie grinst mein Spiegelbild an.

»Warum sollte ich etwas ablegen, was mich auszeichnet?«

Guter Punkt. Ich packe ein paar Sachen in meine Tasche, mache mit Ben einen Treffpunkt aus und gehe in den Garten, um eine zu rauchen. Mom und Dad sind heute essen und glauben, dass ich wieder einen Mädelsabend mit Alex mache. Das heißt, die Nacht darf lang werden.

Nach den ersten zwei Zügen meiner Zigarette kommt Sabri auf den Balkon. Er sieht abgehetzt aus. Er war diese Woche mindestens genauso oft weg wie ich.

»Du siehst gut aus«, sagt er und zündet sich einen Joint an. Manchmal tut er das, wenn unsere Eltern nicht da sind. Ich mustere ihn prüfend. Irgendwas ist mit ihm. Er strahlt Nervosität aus.

Eine Art Hitze. Seine Augen haben ein merkwürdiges Funkeln, das ich noch nie bei ihm gesehen habe.

»Ist alles okay?«, frage ich. Kari legt nachdenklich einen Finger an die Lippen. »Ich glaube, der wurde geküsst«, sagt sie.

Sabri strahlt mich einen Moment später an, und ich weiß, dass sie recht hat. »Ich hab's einfach getan!«, jauchzt er in den lauwarmen Abendhimmel. »Ich habe gekämpft! Und ich habe gewonnen! Sie hat mich geküsst, Schwesterherz! Sie mich!« Er packt mich an den Schultern und wirbelt mich herum, bis mir die Luft wegbleibt.

»Das Mädchen, von dem du mir erzählt hast?«

Mein Bruder nickt. Ich versuche, mich für ihn zu freuen. Aber eigentlich mache ich mir augenblicklich Sorgen um sein großes Herz. »Weißt du, was du tust?« Ich versuche, eine entspannte Miene zu wahren. Aber bei Sabri dringt gerade sowieso nicht viel durch.

»Wann weiß man das denn jemals? Guck mich nicht so an!« Er wuschelt mir durch die Haare. »Ich habe etwas gewagt. Und mich nie besser gefühlt. Jetzt bist du dran.«

Mit gerunzelter Stirn drücke ich meine Zigarette aus.

»Wovon sprichst du?«

»Mom und Dad haben mir erzählt, dass du dich jeden Tag mit einem Jungen triffst. Und es ist nicht Nate.«

»Da ist nichts«, sage ich. Zu schnell.

Sabri packt mich wieder an den Schultern. Seine Euphorie ist wirklich ansteckend, ich muss lachen. »Irgendwas ist da aber, denn du hast dich seit der ganzen Scheiße nicht mehr so oft hintereinander aus dem Haus bewegt. Was immer er dir gibt oder geben kann«, er zieht wieder am Joint, »nimm es einfach an. Leb ein bisschen! Genieß es einfach!«

Ich schüttele den Kopf. »Du spinnst doch.« Kari fährt meinem Bruder durch die Haare. Für einen Moment halte ich den Atem an, aber er bemerkt natürlich rein gar nichts davon. »Recht hat unser Brüderchen!«

Sabri schenkt mir ein weiteres glückliches Lächeln. »Ich mein's ernst. Leb ein bisschen.«

Was auch immer das bedeuten soll.

41

Ich kenne nicht eine Person. Alex ist heute als Unterstützung ausgefallen. Also bleiben mir nur Ben, Kari und Whiskey. Ich wollte eigentlich, was Alkohol betrifft, etwas kürzertreten, aber meine Nervosität macht es mir unmöglich.

Warum ich eigentlich nervös bin, weiß ich nicht.

Ich fühle mich nicht verliebt. Ich fühle mich auch nicht so, als würde ich Gefahr laufen, mich zu verlieben. Aber ich fühle mich merkwürdig lebendig. *Gesehen.* Von jemandem, mit dem es keine Zukunft geben kann.

Das Haus, in dem die Party stattfindet, liegt kaum zwei Straßen von Bens Zuhause entfernt. Er kennt hier jeden, verquatscht sich alle fünf Minuten und trinkt einen Drink nach dem anderen. Der Abend steigt mir zu Kopf. Er ist wie ein schönes Kleid, das nicht passen will. Ich verschanze mich im Badezimmer und lege mich in die große Badewanne. Kari hockt auf dem Klodeckel und mustert mich nachdenklich.

»Was stimmt nicht?«, will sie wissen.

»Alles«, gebe ich zurück.

»Stehst du auf ihn?«

Hm. Vielleicht trifft es das am besten. Auf jemanden zu *stehen* kann man noch nicht ansatzweise als verliebt bezeichnen. Es reicht nicht mal für verknallt. Es ist einfach eine besondere Anziehungskraft.

»Kann sein«, gebe ich zu. Kari lächelt mich an. »Und trotzdem schließt du dich im Badezimmer ein.«

»Was soll ich tun?«

Sie breitet die Arme aus, als wolle sie damit die ganze Welt einfangen.

»Flirte einfach mit ihm. Schau, wo es dich hinbringt. Lass es auf dich zukommen. Denk nicht so viel nach!«

Leb ein bisschen. Gut, dass ich meine Whiskey-Cola-Mischung mitgenommen habe. In einem Zug trinke ich sie aus und reiße schwungvoll die Badezimmertür auf.

Ben sitzt bei den anderen Leuten und scheint alle mit seinen schlechten Witzen und frechen Sprüchen zu unterhalten. Jeder Stuhl ist besetzt. Ich stehe für einen Moment unschlüssig da. Ben wirft mir einen entschuldigenden Blick über die Schulter zu. »Warte, ich steh auf, dann kannst du dich setzen.«

Ich lächele ihn an. »Lass nur.« Bevor er einlenken kann, setze ich mich auf seinen Schoß. Einige am Tisch lachen und prosten mir zu.

Ich spüre Bens warmen Atem am Ohr. Für einen Moment ist es mehr als nur seltsam. Seine Präsenz. Unmittelbar hinter mir, an meinem Körper. Seine Brust an meinem Rücken. Ich bleibe erstaunlich entspannt. Keine Panikattacke. Kein Reißverschluss in meiner Brust. Kari lugt unter ihrer Herzchensonnenbrille hindurch. »Nicht schlecht.«

Ben tut gar nichts. Ich sitze einfach nur auf seinem Schoß, seine langen Beine unter mir ausgestreckt. Irgendwann, nach einer gefühlten Ewigkeit, die auch ein kurzer Augenblick gewesen sein könnte, legt er vorsichtig seine Hände um meine Mitte. Es fühlt sich seltsam vertraut an. Als hätte mein Körper nur darauf gewartet. Mir schlägt das Herz bis zum Hals, und es fühlt sich okay an. Irgendwie aufregend. Wir trinken, wir lachen. Irgendwann lasse ich mich gegen Bens Brust fallen, und er zieht mich an sich. Ich spüre sein Herz klopfen. Schnell. Die Musik vibriert durch meine Sinne. Ich stehe auf, nehme ihn an der Hand. Wir tanzen. Wir wirbeln herum wie Wahnsinnige. Ich lebe ein bisschen.

Das Problem mit meinem guten Freund, dem Whiskey, ist, dass irgendwann alles möglich ist. Alles verschwimmt, Grenzen, was ist das? Ein paar Freunde von Ben wollen noch feiern gehen.

»Kommst du mit?«, fragt Ben. Feiern gehen. Menschenmengen. Eher nicht so. Mein Gesichtsausdruck sagt alles.

»Ich bringe dich wohl eher zum Bus.« Ben zieht mich sanft am Arm zur Tür. Die Straßen sind wie leergefegt. Der Himmel ist sternenklar, wunderschön und still. Keine Wolken.

Ich schaue hinauf, etwas benommen. Ich frage mich, ob da oben die Antworten des Lebens liegen. Alles, was wir nicht verstehen und nie verstehen werden. Als ich mich umschaue, fällt mir Karis Abwesenheit auf. Sie ist nicht mit nach draußen gekommen. Wann habe ich sie das letzte Mal gesehen? Etwas panisch recke ich den Hals, mein Schritt beschleunigt sich. Ben greift mich lachend am Ärmel. »Wo willst du denn hin?« Ich halte inne. Verwirrt drehe ich mich zu ihm um, den Blick auf seine Brust gerichtet. Ich werde mir seiner Nähe bewusst, die Hitze, die er ausstrahlt, der amüsierte Blick von oben herab auf mich gerichtet. Ich vergesse Kari und denke daran, dass nur wir zwei hier stehen, dass ich mich zu ihm hingezogen fühle, dass er bald fort sein wird. Was ist es, das mich anzieht? Das Wilde vielleicht. Das Ungebundene. All das, was ich nicht bin.

Ich lasse meine Stirn gegen seine Brust sinken, und er zieht mich in eine feste Umarmung. »Es ist schade, dass du gehst«, murmele ich in sein Shirt.

»Da spricht nur der Alkohol aus dir.«

Ich schaue zu ihm auf, und sein Blick ist unergründlich. Sein Mund verzieht sich zu einem schiefen Lächeln.

Er umfängt mein Gesicht und küsst mich. Wild, verlangend. Mir bleibt sofort die Luft weg. Sterne explodieren hinter meinen Lidern.

Ich schiebe ihn zurück, um Luft zu holen. Ben beißt sich verlegen auf die Lippe. »Entschuldige.«

Was immer hinter dieser Entschuldigung liegt, vielleicht Respekt, vielleicht die Sorge, einen Schritt zu weit gegangen zu sein, ich stelle mich auf die Zehenspitzen und will mehr.

Wir stehen ewig so auf der Straße. Bis wir beide außer Atem sind.

»Ich bringe dich nach Hause.«

»Ich will nicht nach Hause.«

Ben steht unschlüssig da, mustert mich nachdenklich. »Du kannst bei mir schlafen, wenn du willst.«

Mein Herz macht einen Satz.

»Ich meine damit nicht …« Er atmet aus. Ich nehme seine Hand. »Ich weiß.« Und so gehen wir los, ohne Kari, und die Panik über ihre Abwesenheit ist genauso verschwunden wie alles andere, was mich davon abgehalten hätte, mit Ben zu gehen.

Das Haus ist dunkel, Bens Mom schläft. Wir schleichen die Treppe hinauf in sein dunkles Zimmer, kein Licht wird angemacht, keine Unterhaltung begonnen. Ben gibt mir ein T-Shirt zum Schlafen, das mir bis zu den Knien reicht. So liege ich neben ihm, lausche der Stille und Bens unregelmäßigem Atem.

»Ich will nicht, dass du dir Hoffnungen machst«, sagt er plötzlich. Ich brauche eine Weile, um zu kapieren.

»Das zwischen uns kann nichts Ernstes werden«, spricht er ungehalten weiter. »Aber ich mag dich wirklich.«

»Mach dir keine Sorgen«, wispere ich zurück. »Ich verliebe mich schon nicht.« Ich lausche kurz auf mein Herz, lausche auf einen Widerspruch, eine warnende Stimme. Aber es bleibt ganz ruhig. Ben öffnet den Mund, um noch irgendwas Unpassendes zu sagen, und so verschließe ich ihn mit einem weiteren Kuss.

Ich bin mir der Bettlaken zwischen uns bewusst. Der Ruhe, der Gemütlichkeit und der Nacht da draußen, die nicht enden will. Ich bin mir darüber bewusst, dass ich meiner Mom nicht Bescheid gesagt habe, dass ich nicht vorhabe, noch nach Hause zu kommen, bewusst darüber, dass ich nicht vorhabe, jetzt zu schlafen.

Ich habe etwas anderes vor. Ein bisschen leben. Also schwinge ich mein Bein über Bens muskulösen nackten Körper, berühre seine Haut, überall, wo es geht. Er ist verunsichert, rückt ein Stück von mir weg.

»Ich will das«, flüstere ich gegen seine Lippen. Und das stimmt. Ich will es unbedingt.

42

Ich war eine Malerin. Eine Künstlerin. Ein Mädchen, verliebt in seinen besten Freund. Eine Schülerin. Eine Tochter. Eine Schwester. Eine Enkeltochter. Das ist alles, was ich war. Bis alles zerbrochen ist. Zerbrochene Teile.

Was bin ich jetzt?

Kari schaut neben mir in den grauen Morgenhimmel, der keine Hoffnung auf die Sonne zulässt.

»Du bist ein Mädchen, das mit Ben geschlafen hat.«

Die Bedeutung der Worte rieselt mir den Rücken herunter. Die Erinnerung daran beschert mir eine Gänsehaut.

Kari lächelt mich an. »Es hat dir gefallen.«

»Wahrheit«, antworte ich.

»Er hat dir nicht weh getan.«

»Wahrheit.«

»Du musstest trotzdem an *ihn* denken.«

Stille. Ich wünschte, es wäre einfacher. Ich wünschte, es wäre greifbar. Aber ich verstehe es nicht. Warum? Wieso habe ich an *ihn* gedacht? Was hat mich dazu gebracht?

Wieso konnte ich mich nicht so fallenlassen, wie ich es eigentlich geplant hatte?

Ich schätze die meisten Pläne im Leben gehen nicht auf.

Ich lasse die Nacht immer und immer wieder Revue passieren. Es war geduldig. Etwas seltsam. So wie es halt ist, wenn man absolut keinen Schimmer hat, mit wem man da eigentlich im Bett liegt. Es war lang. Und still. Und trotzdem spüre ich die Leere immer noch in mir widerhallen, als all die Wärme und Nähe verschwunden ist. Ich spüre immer noch, wie sein heißer, schneller Atem an meinem Ohr aufhört, Ben sich zur Seite dreht und erst mal eine Zigarette anzündet.

»Er hat trotzdem gefragt«, unterbricht Kari meine Erinnerung. Wahrheit. Ben hat mich gefragt, ob es mir gutgeht. Er hat mir Frühstück gemacht, Spiegelei auf Toast. Er hat mich in seine Riesendusche getragen, den Wasserhahn angestellt und mir einen Kuss auf die Stirn gegeben, und nichts daran war unangenehm. Ich habe mich nicht ausgeliefert gefühlt. Nackt ja, aber nicht verletzlich.

Zum Abschied haben wir uns geküsst. Irgendwie wusste ich, dass ich den Jungen mit den seltsamen Tattoos nicht noch mal auf diese Art wiedersehen würde. Diese eine Nacht bleibt die eine Nacht.

Kari hatte mich wieder überrascht, sobald ich das Haus verlassen hatte. Jetzt sitzen wir auf unserer Bank, und mein Handy klingelt. Es ist meine Mutter. »Wo zum Teufel warst du?«, schreit sie in den Hörer, bevor ich etwas sagen kann.

Ich lasse geschlagen die Schultern sinken. »Ich war bei Ben.«

»Und warum sagst du mir nicht Bescheid?«

Keine Ahnung, Mom. Ich weiß eigentlich gar nicht, wer er ist. Ich habe mich einfach zu ihm hingezogen gefühlt. Ich wollte es ausprobieren. Ich wollte wissen, ob ich es noch kann. Ob ich mit jemandem schlafen kann. Ob mein Körper wieder mir gehören kann.

Aber das ist es natürlich nicht, was ich sage.

»Ich habe etwas zu viel getrunken und bin bei ihm eingeschlafen.«

Ich höre sie am anderen Ende grummeln. »Wie auch immer«, sagt sie. »Komm nach Hause.«

Merkwürdig, dass ich nicht einmal den einfachsten Anweisungen nachkommen kann. Sag Bescheid, wo du bist. Sag Bescheid, ob du nach Hause kommst oder nicht. Der Rest ist dir überlassen.

Mein Handy klingelt erneut. Kari und ich seufzen gleichzeitig. Alex.

Ich hebe ab, und sie kreischt sofort los.

»Wie war es? Wo war es? War es gut? Habt ihr es getan? Und wenn, war Kari dabei? Das wäre echt schräg, oder? Oder vielleicht hattet ihr ja einen Dreier. Obwohl, er kann sie ja gar nicht sehen. Stelle ich mir schwierig vor …«

Ich muss lachen. »Nein, so viel Privatsphäre lässt sie mir.«

»Also, habt ihr es getan?«

Habt ihr es getan. Für Alex scheinen die Dinge so einfach. Sie nimmt alles, wie es kommt, sie macht sich keine unnötigen Gedanken, die sowieso nirgendwo hinführen. Sie nimmt das Leben leicht.

Aber die freudige Erwartung in ihrer Stimme versetzt mir einen Stich.

»Lass uns nicht darüber reden«, murmele ich.

Ich sehe ihr verdutztes Gesicht vor mir.

»War es etwa nicht gut?«

»Doch«, flüstere ich. Schlecht ist es nicht gewesen. Falsch auch nicht. So fühlt es sich nicht an. Nichts, was ich bereuen müsste.

Aber es war eben nur das. Ich dachte, es wäre wichtig. Ich dachte, ich müsste es tun, für mich. Ich dachte, das wäre ein bisschen leben.

Aber was jetzt? Jetzt zieht er in eine andere Stadt. Bald liegt wieder ein anderes Mädchen neben ihm. Und wer weiß? Vielleicht liegt sie dann am nächsten Tag immer noch da. Vielleicht gehören sie dann zusammen. Aber wir haben nicht zueinandergehört. Ich gehöre zu niemandem. Ich kann dieser Nacht kaum mehr Bedeutung zumessen, als sie verdient.

Das Gefühl von Einsamkeit überwältigt mich mit einem Schlag so sehr, dass mir Tränen in die Augen steigen.

»Es war echt toll! Aber ich muss jetzt auflegen, okay?« Bevor Alex noch etwas sagen kann, drücke ich den roten Hörer auf dem Display. Kari mustert mich stirnrunzelnd. »Mach dir keine Gedanken«, sagt sie.

»Andauernd haben Leute Sex, die sich gar nicht lieben. Manche hassen sich sogar! Es ist wirklich kein großes Ding.«

Ich schaue sie lange an, mich, so ruhig, so gelassen, nichts kann ihr etwas anhaben. Nichts kann ihr zu nahe treten.

»Ich bin nicht wie diese Leute. Ich bin anders.«

Mir kommt die kalte, ruhige Stimme der Polizistin in den Sinn, die mit im Wagen saß.

»Wir fahren jetzt die Geschädigte zur Wache.«

Ja, vielleicht bin ich das. Geschädigt.

Kari stupst mich mit ihrer Nasenspitze an, kitzelt damit liebevoll meine Wange. »Es ist nur ein Wort. Nur. Ein. Wort.«

Ich denke an Nate.

Gib dich nie dem Schmerz hin. Lass nicht zu, dass er dich besitzt. Er kann dir nichts anhaben. Sein Ratschlag fürs Leben.

Und hast du, Nate? Hast du dich dem Schmerz verweigert? Kann es dir nichts anhaben? Das, was du und ich jetzt sind?

Ich wünschte, ich wüsste die Antwort.

43

In der Klinik freundete ich mich mit jemandem namens Jo an. Ich denke, das ist ein Spitzname, seinen ganzen Namen hat er mir nie verraten. Jo war groß und bullig. Er hatte traurige Augen, obwohl er immer gelacht hat. Er wohnte in dem Zimmer ganz am Ende des Flurs unserer Station und klopfte meistens an meine Tür, wenn er Gesellschaft beim Rauchen haben wollte.

Jo war nicht gerne alleine. Ich weiß noch, dass er mir erzählt hatte, er habe zwei Kinder und dass er nicht in Deutschland aufgewachsen sei. Er musste schon um die vierzig oder älter gewesen sein, aber vielleicht hatte seine Trauer es auch nur so wirken lassen. Und ich wusste, dass er in einem Krieg gekämpft hatte. Weit weg von hier, da wo der Krieg vielleicht heute noch wütet, da wo eine Welt existiert, die jemand wie ich sich nicht ansatzweise vorstellen kann. Er war damals so alt wie ich jetzt.

Jo erzählte mir davon. Von den Dingen, die er gesehen hatte. Von den Flashbacks und den Panikattacken, mit denen er jetzt lebt. Davon, dass er Kindergeschrei nicht erträgt, denn es erinnert ihn an Dinge, die ich nicht einmal zu denken vermag. Ich hörte Jo zu, aber manchmal bat ich ihn darum aufzuhören. Ich hielt es schließlich kaum aus, mit meinen eigenen Erinnerungen fertigzuwerden.

Und so fand Jo einen Weg, mit mir zu lachen. Er lachte so gerne. Er lachte darüber, dass ich andauernd vergaß, beim Gähnen die Hand vor den Mund zu halten, und behauptete, irgendwann würde mir ein Vogel in den Rachen fliegen. Er lachte darüber, dass ich morgens nicht ansprechbar war, immer müde und gereizt. Er lachte, weil ich so tollpatschig war, dass ich einfach über meine eigenen Füße stolperte, gegen Glastüren lief und andauernd mein Feuerzeug verlor. Am Tag meiner Entlassung umarmte Jo mich lange, und er wusste, dass ich männliche Berührung ablehnte, aber er tat es so herzlich und väterlich, dass es mir nichts ausmachte.

Seitdem habe ich ihn nicht mehr gesehen.

Zwei Tage nach dem nächtlichen Ereignis mit Ben bin ich so aufgewühlt, dass ich am frühen Abend die Wohnung verlasse, um einen Spaziergang zu machen. Kari folgt mir langsam, heute trägt sie eine modische Jogginghose, leuchtende Schuhe und ein enges Top. Von wegen, wer mit Jogginghose das Haus verlässt, hat die Kontrolle über sein Leben verloren.

Das Klinikgebäude erhebt sich über einem kleinen Park, recht mittig bei der großen Straßenkreuzung, die direkt ins Stadtzentrum führt. Ich gehe den schmalen Gang entlang, der direkt zum Raucherbereich und Eingang der Psychiatrie führt. All die Erinnerungen, die hier liegen, lassen mich innehalten. All die dunklen Tage. Und die hellen. Ein paar Patienten oder Besucher streifen an mir vorbei, eine gebückte Gestalt nicht weit vom Eingang entfernt mit einer Zigarette, mit einer eigenen Geschichte, Problemen, die sie an diesen Ort geführt haben.

Ich werfe einen Blick zu dem kleinen überdachten Teil des Raucherbereichs, der wie ein offener Glaskasten nicht weit vom Eingang entfernt erbaut wurde. Wir haben ihn immer das Aquarium genannt. Und da sitzt er, in einen roten Kapuzenpulli gehüllt, unverkennbar, den Blick geradeaus, die Zigarette im Mundwinkel. Kari macht große Augen. »Er ist noch hier«, sage ich leise. Wie lange ist es her? Es fühlt sich an wie ein ganzes Leben.

Kari deutet mit dem Kinn in seine Richtung. »Lass uns zu ihm gehen.« Ich folge ihr zum Aquarium, und während ich näher komme, sehe ich Jo den Kopf heben, sein Mund verzieht sich unverkennbar zu einem breiten Grinsen, so breit, dass ich gar nicht anders kann, als es zu erwidern. Er bricht in schallendes Gelächter aus, kommt mühsam auf die Beine und breitet die Arme aus. Wir umarmen uns lange, wärmend und herzlich.

»Komm und rauch eine.« Jos Stimme ist so tief und kratzig von all den Zigaretten, die er täglich konsumiert, dass er schon klingt wie ein alter Mann. Er hält mir seine Schachtel hin, plumpst wieder zurück auf die Sitzbank und strahlt mich an.

»Wie geht es dir?«, will er wissen.

»Ach, man lebt. Wie geht es *dir?*«

Jo zuckt gleichmütig mit den massigen Schultern. »Ich bin immer noch hier.« Das beantwortet wohl alles.

»Weißt du schon, wann du rauskommst?«, frage ich vorsichtig.

Er lächelt mich freudig an. »In zwei Wochen.«

Ich umarme ihn ein weiteres Mal, weil ich weiß, wie es sich anfühlt, endlich wegzuwollen. Endlich wegzukönnen.

Die Klinik ist ein sicherer Hafen gewesen, ein Ort zum Ausruhen, aber auch ein Ort zum Leiden. Alle Probleme, die wir hatten, wurden genauestens unter die Lupe genommen. Es gibt keine Flucht, kein Versteck, nichts, um der Dunkelheit auszuweichen, die auf einem lastet. Das ist gut. Aber auch verdammt beschissen. Ich glaube, dass es nicht zum natürlichen menschlichen Mechanismus gehört, sich mit schrecklichen Erlebnissen oder

Schwierigkeiten aller Art auseinanderzusetzen. Verdrängung ist vielleicht das Natürlichste der Welt.

Aber sie hilft nicht. Das hat sie noch nie.

»Erzähl mir«, sagt Jo leise. »Hast du Spaß? Lebst du dein Leben? Geht es dir besser?« Zwei junge Mädchen passieren das Aquarium, eins von ihnen hat den Ärmel ihres Sweatshirts hochgekrempelt und gibt den Blick auf eine dicke Bandage frei, die den gesamten Unterarm umgibt. Hier habe ich das oft gesehen. Gerade bei den Jüngeren. Ob es ein Selbstmordversuch war oder nur Schnitte in der Haut, um den Schmerz durch einen anderen zu ersetzen oder einfach etwas zu fühlen, konnte man nicht sagen, aber es bescherte mir immer eine unangenehme Gänsehaut. Es sieht so verkehrt aus.

Kari starrt die beiden lange an, bevor sie leise seufzt. Ich reiße meinen Blick von ihnen los und erwidere Jos neugierigen Blick.

»Ich weiß es nicht«, ist meine ehrliche Antwort. Warum seinen Fragen ausweichen? Hier brauchte man noch nie jemandem etwas vormachen. Jo weiß, warum ich hier war. Ich musste es ihm nicht mal sagen. Ich glaube, er ist ein guter Menschenkenner, und meine Körpersprache verriet viel.

»Vögelst du?« Jo wackelt mit den Augenbrauen.

Ich muss lachen. »Wirklich? *Vögeln?* Bist du nicht zu alt für so was?«

Er überlegt gespielt ernsthaft. »Na gut. Tätigst du Geschlechtsverkehr?« Ich boxe ihm gegen die Schulter, aber unser Gekicher versiegt schnell.

»Ich habe es versucht. Aber viel gebracht hat es mir nicht.«

Jo schüttelt den Kopf und verdreht die Augen. »Darum geht's nicht. Es geht vielleicht darum, eine schlechte Erinnerung durch eine neue und bessere kleiner zu machen.«

Zugegeben. Ich erinnere mich gerne an Ben. Er war aufrichtig. Und ich hatte Spaß in seiner Gegenwart. Ich wollte es so, und ich habe es getan, und ich konnte es. Trotzdem fühle ich mich nicht geheilt oder so.

Aber vielleicht kann ich das auch nicht. Vielleicht ist das die eine Wahrheit, der ich mich stellen muss.

Ich schaue wieder zu Kari, die leise vor sich hin summt.

»Ich habe komplett den Verstand verloren«, gestehe ich Jo. Er schaut mich ruhig an. »Ich sehe jemanden. Die ganze Zeit. Jemanden, den andere nicht sehen können.«

Jo schweigt eine Weile. »Vielleicht ist es nur eine Stimme in deinem Kopf«, überlegt er. Ich seufze. »Nein, sie ist da. Ich kann sie sehen, mit ihr sprechen und sie berühren.« Na ja, ich *denke*, dass ich sie berühren kann. In Wirklichkeit berühre ich nichts.

Jo schweigt eine ganze weitere Zigarette lang. Es ist seltsam angenehm, jemandem von Kari zu erzählen, der den inneren Wahnsinn und den Schmerz anders nachvollziehen kann. Jemandem, der selber den inneren Kampf mit sich führt, der ihn hierhergebracht hat.

»Ist es schlecht?«, fragt Jo. Ich schaue wieder zu Kari, die weitersummt, eine mir unbekannte Melodie. »Nein«, sage ich leise. »Mit ihr ist es einfacher.«

»Dann nimm es an.« Jo zuckt erneut gleichmütig mit den Schultern. »Hast du es schon mal versucht?«

»Was denn?«

Jo schaut durch die Glasdecke des Aquariums in den Himmel. »Deine Dämonen anzunehmen. Nicht mehr vor ihnen davonzulaufen, sondern sie zu umarmen wie alte Freunde.« Er wirft ein albernes Lachen hinterher. Kari schaut mich an, ihre, meine

Augen blitzen auf wie zwei Sterne im dunklen Nachthimmel. Es scheint, als würde sie warten.

»Nein«, gebe ich zu. »Der Gedanke macht mir Angst.«

Jo lächelt wissend. »Dein Schmerz ist das, was dir Angst macht. Wenn du ihn annimmst, verliert er vielleicht seine Macht.«

Wir schweigen eine Weile, ich höre nur die Schritte der anderen Patienten. Mal gesellt sich jemand zu uns ins Aquarium, qualmt und geht wieder. Ich kann den Sommer spüren. Er ist bald da.

»Weißt du, was mir geholfen hat, in all dieser langen Zeit?«, fragt Jo die Glasdecke. Immer noch schweigend warte ich ab.

»Du.«

Jetzt ertönt aus meinem Mund ein albernes Lachen.

»Wirklich.« Jo schaut mich mit einer Mischung aus Wärme und purer Ernsthaftigkeit an. »Dein Lachen ist lebendig und herzlich. Deine Augen sprühen voller Leben. Du *willst* leben. Daran zu denken macht mich froh. Es gibt mir Kraft.«

Ich bin gerührt und verwirrt zugleich. Seine Beschreibung erinnert mich eher an Kari. Mir war nicht bewusst, dass ich bei Jo so einen Eindruck hinterlassen habe. Schließlich war das Gegenteil von leben wollen der Fall, als ich hier ankam.

»Danke, Jo«, sage ich und drücke seine raue Hand, die leicht zittert.

Auf dem Heimweg schiebt Kari ihre Hand in meine. »Er ist nicht der Einzige, weißt du?«

»Hm?«, murmele ich geistesabwesend.

»Du gibst nicht nur ihm Kraft. Es gibt auch andere. Du kannst es nur noch nicht sehen.«

44

Das Ende vom Mai bringt den berühmten Grillabend mit sich. Mary und Steve kommen, bringen einen ganzen Haufen Fleisch mit, feiern mit meinen Eltern und fahren irgendwann nachts mit dem Taxi nach Hause. Früher, schon als kleines Kind, habe ich mich tierisch auf diesen Tag gefreut. Es bedeutete, dass Nate und ich durch die Wohnung kletterten, Phantasiewelten erschufen, eine Höhle aus Kissen und Decken bauten und uns heimlich Süßigkeiten reinstopften, bis wir Bauchschmerzen bekamen. Mit den Jahren blieben nur noch die Süßigkeiten. Unsere Phantasiewelten wurden durch die Realität ersetzt.

Ich sitze vorm Spiegel und bin völlig verzweifelt. Kari hockt im bodenlangen Spitzenkleid und mit welligem Haar, das irgendwie schimmert, auf dem Bett und wippt ungeduldig mit dem Fuß.

»Er wird auch kommen«, sage ich. Wieder. Kari räuspert sich entnervt. »Das hatten wir schon. Irgendwelche neuen Erkenntnisse?«

Mein Herz schlägt mir bis sonst wohin. Vielleicht kotze ich es gleich einfach aus. »Wie soll das werden? Soll ich ihn ignorieren? Soll ich mit ihm reden? Wir haben uns so lange nicht gesehen. Was soll ich tun? Ich sollte einfach abhauen, mich mit Alex treffen und ...«

Kari hüpft auf ihren nackten Füßen vom Bett und wirft sich auf mich.

»Hör auf!«, ruft sie und bringt meine ohnehin nichtssagende Frisur durcheinander. »Er kommt. Du bleibst. Fertig. Jetzt mach dich schick und tritt diesem Abend mutig entgegen.«

Ich weiß, dass sie recht hat. Jetzt zu gehen wäre mehr als feige. Es wäre Hochverrat an meiner jahrelangen Freundschaft mit Nate. Also stecke ich meine Haare zu einem Dutt hoch, lasse eine Locke spielerisch ins Gesicht fallen und entscheide mich für ein türkisfarbenes Kleid, das ich vor kurzem von Alex ergattert habe. Ich sehe okay aus. Gut. Vielleicht sogar sehr gut.

Mein Handy klingelt, und Alex zwitschert wie immer ohne jegliche Begrüßung drauflos.

»Es ist Freitag! Gehen wir aus?«

»Heute ist Grillabend.«

»Oh. Kann ich auch kommen?«

Sofort bekomme ich einen Kloß im Hals. Es ist nicht so, als wolle ich sie nicht dabeihaben. Aber es war immer Tradition, nur Nates Eltern und wir Kinder. Und außerdem weiß ich, dass Alex mich weiter über die Nacht mit Ben wird ausquetschen wollen, weil sie noch nicht genügend Details bekommen hat. Ich glaube, seit die beiden Jungs fort sind, langweilt sie sich mehr als zuvor.

»Das geht leider nicht. Tut mir leid.«

»Na gut. Dann betrinke ich mich mit einer Flasche Wein zu Hause. Oder kiffe ein bisschen.«

»Sind deine Eltern wieder weg?«

Ich höre einen seltsam traurigen Unterton in Alex Stimme. »Nein, aber sie haben Besseres zu tun, als sich mit mir zu beschäftigen. Viel Spaß!« Es macht klick. Ich bin besorgt. Vernachlässige ich meine beste Freundin?

Kari kneift mich in den Oberarm. Da, wo es weh tut. »Handy weglegen. Das Zimmer verlassen. Keine Sorgen haben!«

»Du liebst es, mich herumzukommandieren«, knurre ich und werfe mein Handy aufs Bett. In der Sekunde ertönt die Türklingel.

Für einen Moment bin ich sprachlos. Da ist nichts in meinem Kopf. Nur Stille. Wie geht sprechen noch mal?

Nate sieht nicht aus wie Nate. Na ja, er sieht immer noch aus wie Nate. Er sieht nur nicht mehr aus wie *mein* Nate. Er trägt ein fürchterliches buntes Hemd, ich glaube, ich habe ihn noch nie etwas Buntes tragen sehen. Sein verwuscheltes Haar ist fort. Er hat es sich kurz rasiert. Nicht komplett ab, aber gefährlich nahe dran. Der Bart ist ihm wohl mit seinen Haaren zusammen abhandengekommen. Seine meerblauen Augen, so blau wie der schönste Ozean, stechen jetzt so deutlich hervor, dass sie mich auch gleich komplett blind machen könnten. Ich bin so erschrocken über seinen Anblick, dass ich kaum wahrnehme, wie Mary und Steve mich in ihre Arme ziehen.

»Wir freuen uns, dich zu sehen!«

»Du siehst toll aus!«

Kari verzieht neben mir das Gesicht. »Oje. Wohin nur mit diesem Elefanten im Raum?«

Ich will ihr meinen Ellenbogen in die Seite rammen, aber sie weicht geschickt aus, und ich stoße heftig gegen die Flurkommode. Nate schenkt mir sein spöttisches Lächeln, was mich schon immer auf die Palme gebracht hat. Sabri, der gerade aus seinem Zimmer gekommen ist, versucht, die Stimmung zu lockern. »Ja, sie ist nicht besonders helle, meine Schwester!« Er klatscht sich brüderlich mit Nate ab, umarmt Mary und Steve herzlich und lotst alle in den Garten. Es bleiben nur Nate und ich im Flur zurück. Selbst Kari ist mit dem Rest meiner Familie gegangen. Ich verfluche sie im Stillen.

»Hallo«, sage ich. Meine Stimme klingt nicht wie meine. Mein Ellenbogen pocht schmerzhaft.

Nate mustert mich kühl. Ich kann mich an keinen Augenblick in meinem Leben erinnern, wo er mich *so* angesehen hat. Wenn das so weitergeht, zertrampelt der Elefant im Raum uns einfach.

»Du siehst gut aus«, sagt er. Ich wünschte, ich könnte das zurückgeben.

»Du siehst … anders aus.« Herzlichen Glückwunsch. Charmanter ging's nicht, Sakari. Nate nickt nur. In einer Hand hält er seine Jeansjacke. Ich kann die Adern auf seiner Haut hervortreten sehen.

»Vieles hat sich verändert.«

Natürlich hat es das. Wir sind nicht mehr die, die wir waren. Bevor ich mich zurückhalten kann, platzt es schon aus mir heraus.

»Hast du eine Freundin?«

Wäre Kari hier, so hätte sie mir spätestens jetzt eine gepfeffert. Niemand hätte es gesehen, aber ich hätte es auf jeden Fall gespürt.

Nates kühler Gesichtsausdruck verwandelt sich in komplettes Eis.

»Das Mädchen auf deinem Bild«, füge ich hinzu. Verdammt nochmal. Ich will es wohl wirklich wissen.

»Vielleicht«, sagt Nate nur.

Aus irgendeinem Grund geht mir dieses *Vielleicht* so gegen den Strich, dass jede kleinste Freude über unser Wiedersehen sofort verpufft. Ich weiß, woran das liegt. Es bedeutet, dass er mich aufgegeben hat. Er hat mich gehen lassen. Ich wollte es so. Und jetzt tut es weh.

»Und?«, blaffe ich. »Läuft es gut?«

Ich hätte nicht gedacht, dass ein so ein eisiger Blick noch mehr gefrieren kann. »Sie macht mir zumindest keine Versprechen, die sie nicht hält.«

Ich dachte, ich würde noch saurer werden. Aber mit dieser Aussage entwaffnet Nate mich. Ich kann nichts sagen.

»Ich weiß, dass du dich auch anderweitig vergnügt hast«, brummt er. »Und woher?«, fauche ich zurück. Er schweigt, aber ich weiß es. Sabri. Ich weiß, dass die beiden Kontakt haben. Nicht viel, nicht regelmäßig, aber sie schreiben sich. Sabri muss ihm erzählt haben, dass ich mich jeden Tag mit einem Jungen getroffen habe. Wer sonst sollte es gewesen sein? Meine Eltern? Haben sie es Mary und Steve gesteckt? Selbst wenn. Weder meine Eltern noch Sabri wissen Details über das, was mit mir und Ben war.

Nate zuckt jetzt mit den Schultern. »Es ist in Ordnung. Du wolltest deinen Weg ohne mich weitergehen. Ich kann es dir nicht mal übelnehmen.«

»Es hatte keine Bedeutung«, sage ich viel zu schnell. Hatte es. Für mich hatte es eine Bedeutung. Ich musste es wissen. Ich wollte es können.

Für einen kurzen, unmerklichen Augenblick schmilzt das Eis in Nates Blick. »Ich will nur, dass du glücklich bist.« Und damit lässt er mich im Flur stehen, geht in den Garten, um mit unseren Familien zu grillen, so wie jedes Jahr.

Ich bleibe zurück, bis ich spüre, wie Kari ihr Kinn auf meine Schulter legt. »Er liebt dich noch«, sagt sie.

»Fühlt sich nicht so an.«

45

Mein Vater hat den alten Gartentisch aus dem Keller geholt. Jetzt sitzen wir alle zusammen, die Teller beladen, den Geruch von Grillgut und gemähtem Gras in der Nase, und quatschen. Alle außer mir zumindest. Sabri und Nate sitzen zusammen. Sie verstehen sich wie immer prächtig. Mary und Steve wollen natürlich alles wissen.

Wie läuft die Schule, Sabri? Bald sind die Prüfungen! Bist du schon aufgeregt?

Alex wird auch bald ihre Prüfungen ablegen. Es macht mich immer noch nervös, dass sie im kommenden Schuljahr nicht da sein wird.

Wie geht es dir, Sakari? Bald bist du auch wieder eine Schülerin. Lernst du schon fleißig?

Lächeln und Nicken. Ich wünsche mich an Sabris Ort zurück, möchte wieder alles kurz und klein schlagen. Es ist absurd.

Genau wie die Situation zwischen Nate und mir. Erzählungen nach habe ich ihm als kleiner Wurm im Planschbecken mal mit seinem Spielzeugauto eins übergezogen. Jetzt keife ich ihn an, weil da ein anderes Mädchen ist. Und er denkt, ich *vergnüge* mich anderweitig. Wie konnte es so weit kommen?

Kari schwingt am unteren Ast unseres Flieders hin und her, ihr Spitzenkleid flattert um ihre nackten Füße, ihre Herzchensonnenbrille baumelt am Ausschnitt. Sie beobachtet das Ganze wie üblich mit großem Interesse.

Nate meidet meinen Blick die ganze Zeit. Er isst, redet, macht alberne Witze und tut so, als sei ich gar nicht da. Mary und Steve versuchen, das zu überspielen, indem sie ihre Aufmerksamkeit auf mich lenken, ohne ihren Sohn mit einzubeziehen.

»Geht es dir denn gut, Liebes?«, fragt Steve mit vollem Mund. Ich brauche eine Weile, um zu kapieren, dass er damit meint, was alle am Tisch wissen, aber niemand anspricht. Jetzt schaut Nate mich an. Kein eisiger Blick, keine Wärme. Neutral vielleicht.

»Mir geht es hervorragend, Steve«, sage ich und grinse ihn so übertrieben an, wie ich kann. Steves Lächeln gerät ins Wanken. Mein Sarkasmus war nicht zu überhören. Sabri schüttelt unmerklich den Kopf. Ich mustere meinen Bruder mit gespielter Überlegenheit.

»Und du? Wieso hast du deine neue Freundin eigentlich nicht eingeladen?«

Nate wirft meinem Bruder einen Blick zu. »Du hast eine Freundin?«

Mom und Dad starren mich an. »Was?«

Oh. Sabri wird puterrot. »Sie … ähm, ja. Wir wollen uns noch Zeit lassen, bevor alle sie kennenlernen.«

Jetzt stürzen sie sich auf ihn und wollen alles wissen. Ich bin aus dem Schneider. Was soll ich auch sagen?

Ich kenne die verdammte Antwort nicht. Ich weiß es nicht. Noch Albträume? *Ja.* Flashbacks? *Ja.* Das Gefühl von Antriebslosigkeit und Trauer? *Na klar.* Hatte ich Sex? *Allerdings.* Ist jetzt alles wieder in Ordnung?

Scheiße, nein. Nichts ist in Ordnung. Oder doch? Ich weiß es nicht. Ich höre nicht zu, als Sabri von seiner Freundin erzählt. Alles, was mir im Kopf herumschwirrt, ist Nate. Wie er dasitzt, die kurzrasierten Haare, das markante Kinn, seine strahlend blauen Augen, sein Blick so unheimlich fremd.

Mir wird bewusst, dass es passiert ist. Wir sind keine besten Freunde mehr. Wir vertrauen uns unsere Geheimnisse nicht mehr an. Wir fahren nicht mehr zum Beat von *Destination Breakdown* durch die Nacht. Da ist jetzt ein anderes Mädchen an seiner Seite.

Ich hätte nicht gedacht, dass es so weh tun würde.

Mary und Steve gehen früher, als ich dachte, leicht beschwipst, fröhlich und Hand in Hand. Ich bringe es nicht übers Herz, mich von Nate zu verabschieden, und verschanze mich mit Kari in der Küche, spüle die Teller ab. Sie steht an der Tür und lauscht.

»Oh«, sagt sie.

»Was ist denn?«

Nate reißt die Tür so schwungvoll auf, dass Kari erschrocken zurückweicht. Er stellt sich neben mich, nimmt einen Teller und macht ihn sauber. Anscheinend ist er nicht mit seinen Eltern gefahren.

»Was machst du da?« Es sollte genervt klingen, aber meine Stimme ist unsicher und piepsig. Er dreht sich Richtung Gartentür, wo Mom und Dad noch mit Sabri zusammensitzen. Sie beachten uns gar nicht.

Nate seufzt. »Sag mir, was ich falsch gemacht habe.«

Falsch gemacht? Ich starre seinen Rücken an, das grässliche Muster seines Hemds. »Sag es mir!«

»Du hast nichts falsch gemacht«, flüstere ich. »Es liegt an mir.«

»Lass die Scheiße!« Nate fährt herum und schlägt mit der Faust auf die Küchentheke. Ich zucke zusammen.

»Es liegt an mir«, äfft er mich nach. »Was habe ich getan? Wieso willst du mich nicht mehr in deinem Leben? Warum?«

Verdammt. Kari schluckt geräuschvoll. »Ich bin dafür, dass ihr jetzt entweder rummacht oder du ganz schnell abhaust.«

»Was?« Ich bin so verwirrt, dass ich ganz vergesse, ihr nur in meinem Kopf zu antworten.

»Du hast mich gehört!« Nates Kälte ist verschwunden. Alles, was ich sehe, ist Verzweiflung. Und Schmerz. Ich mache ein paar Schritte rückwärts, aber Nate kommt mir zuvor und packt mein Handgelenk.

»Wag es nicht abzuhauen!«

»O Mann!« Kari hält sich die Hände vors Gesicht. Meine Gedanken rennen. Ein kleiner, vielleicht auch größerer Teil, schenkt seinem Griff um mein Handgelenk misstrauische Aufmerksamkeit. Der Rest von mir sucht nach passenden Worten. Ich höre Nates Atem stocken. Es wird still um uns. Ich kann die Küchenuhr ticken hören. Und mein Herz. »Ich kann dich nicht mal berühren«, sagt Nate. Er lässt mich los. Die Haut brennt da, wo er gewesen ist. »Ich habe dich immer berührt. Andauernd. Weißt du nicht mehr? Als wir auf deinem Bett lagen und ich deinen Nacken gekrault habe. Du wolltest nicht, dass ich aufhöre. Du wolltest, dass es okay ist. Willst du das nicht mehr? Können wir nicht da weitermachen? Es versuchen?«

Ich will ja sagen. Ich will unbedingt ja sagen. Ein einfaches, kleines Wort, das alles verändern könnte. Aber ich sage: »Was würde deine Freundin davon halten?«

Das Eis kehrt zurück. Ich spüre, wie es sich im gesamten Raum ausbreitet. Es erreicht mich. Es sticht in mir, frischer Schnee, wie

Nadeln auf der Haut. Die Kälte friert alles ein, was gut zwischen uns ist.

Sie treibt uns auseinander. Endgültig.

46

Nate ist fort. Er verlässt unsere Wohnung ohne ein Wort des Abschieds. Er ist weg, und mein Versprechen spielt keine Rolle mehr. Es ist, als würde ich in zwei Stücke gerissen werden. Das Universum birst, und die Sterne regnen vom Himmel.

Genau so fühlt es sich an. Aber ich stehe ganz ruhig in meinem Zimmer vor dem Spiegel, schaue mich an und versuche, die Emotionen in meinem Gesicht zu deuten. Keine Tränen. Ich sehe einfach nur müde aus. Müde und angestrengt. Mein nackter Körper, gehüllt in das warme Licht meiner kleinen Leselampe, die träge zu mir hinüberscheint. Mit den Händen berühre ich die Haut, die sanften Kurven, die Linien, die ich trage. Ich spüre *seine* Hände auf mir brennen. Ich spüre, wie sie meine Schultern niederdrücken. Ich spüre den Schmerz in meinem Becken, eigentlich überall. Ich spüre das Nein auf meinen Lippen, das *er* nicht gehört hat. Ich fühle die Verwirrtheit, den Schock, die unmittelbare Erkenntnis, dass etwas passiert ist, was nicht richtig ist.

Dass etwas passiert ist, das nicht passieren darf. Ich sehe mich wieder losstolpern. Ziellos. Orientierungslos. Ich sehe mich meine Hose öffnen, sehe das Blut, das mich erschreckt. Wo kommt es her? Wieso ist es da? Habe ich meine Periode bekommen? Aber ich wusste ja, dass es nicht so ist. Ich wusste, woher das Blut kommt.

Wir fahren jetzt die Geschädigte zur Wache.

Der Staatsanwalt wird entscheiden, ob es eine Straftat war.

Wie hat er ausgesehen? Wie alt war er? Hat er Ihnen gesagt, wo er wohnt? Wo er herkommt? Wie kamen Sie ins Gespräch?

Haben Sie Alkohol getrunken?

Haben Sie nein gesagt? Haben Sie wirklich nein gesagt?

Viele Mädchen, die betrunken sind, können manchmal nicht genau einschätzen, was passiert ist. Vielleicht wollten Sie es doch. Vielleicht haben Sie ja doch klare Anzeichen gegeben, dass Sie es wollten.

Seine Stimme. *Er* läuft mir nach. *Er* fragt mich etwas, aber ich verstehe es nicht. Ich kann es nicht hören, denn alles rauscht. Ich verschwinde in der Menge, und so verschwindet auch *er.*

Ich erinnere mich nicht mehr an sein Gesicht. So ist es einfach. Das ist alles, was ich weiß. Das ist die endgültige Wahrheit. *Er* wird für immer ein gesichtsloses Monster sein.

Wieso bin ich mitgegangen? Wie konnte ich nur mit ihm gehen? Warum habe ich es getan?

Lass mich die Zeit zurückdrehen. Bitte lass mich die Zeit zurückdrehen.

Jetzt kommen die Tränen, rinnen meinen Hals hinab auf meine Brüste. Kari steht neben mir. Sie ist genauso entblößt. Ihr Körper ist mein Körper. Mein Körper ist ihr Körper. Wir sind eins. Keine Unterschiede. Ein einziges nacktes Wesen, das trotz allem gespalten ist. Ein Körper. Und doch zwei.

Sie berührt meine Taille. Ihre, meine Hand ist kühl. Ich bekomme eine Gänsehaut.

»Begehrenswert«, sagt sie. All die Stellen, die *er* berührt hat, brennen jetzt. Ich stehe in Flammen. Ich verbrenne. Ich denke an Joshs Lippen. Ich denke an Nates Hand, die mein Gesicht berührt. Ich denke an Ben. Ich denke daran, wie er aufhörte, als er dachte, zu weit gegangen zu sein. Ich denke an unsere gemeinsame Nacht, an das, was ich gegeben habe, ohne etwas zu verlieren. Ich spüre sie, aber sie können *ihn* immer noch nicht vertreiben. Da ist nichts Begehrenswertes. Da ist nur *er,* das, was *er* zurückgelassen hat.

Kari berührt den Spiegel. »Ich bin du«, flüstert sie. »Du bist ich. Du bist alles, was ich bin, und ich bin alles, was du bist. Und du bist begehrenswert.«

Sie sagt es noch einmal. Und noch einmal. Immer wieder. Ein warmer Singsang, der mich umgibt wie ein Kinderlied aus sorglosen Tagen. Sie sagt es so lange, bis ich sehe, wie sich mein Mund im Spiegel bewegt.

»Ich bin begehrenswert.«

Und da, in dem Augenblick, höre ich auf zu brennen.

47

Der Sommer kommt wie ein blitzartiger Sturm, ungnädig und überwältigend. Es ist plötzlich so heiß, dass sich Trägheit über die Stadt legt. Die Tage ziehen einen ans Wasser, raus aus dem Haus, und manchmal zwingen sie mich, drinnen zu bleiben, um der Hitze entfliehen zu können. Es sind Tage voller Nostalgie. Nate und ich haben fast jeden Sommer im Schwimmbad verbracht, in unserem Ferienhaus an der See, beide Familien vereint, oder einfach im Garten unter seinen Apfelbäumen. Jetzt ist die Zeit, wo ich oft zu Oma Rosie gehe, selbstgemachtes Eis verputze und versuche, ihr zu vergeben. Oma Rosie wirkt irgendwie so verletzlich und verunsichert bei jeder Frage, bei jedem Versuch, mir näherzukommen, dass auch ich lernen muss, dass ich es ihr nicht ewig übelnehmen kann.

Sie kommt aus einer anderen Zeit. Sie kommt aus einer anderen Welt. Wer hätte ihr Aufmerksamkeit geschenkt an meiner Stelle? Was hat eine vergewaltigte Frau in dieser Zeit gemacht?

Geschwiegen. Es weggesteckt. Aber wir leben nicht mehr in dieser Zeit. Diese Zeit ist vorbei. Wir leben jetzt in einer Gesellschaft, in der es nicht okay ist. Es ist nicht erlaubt. Es ist nicht richtig.

Es ist keine Schande. Es ist nichts, was uns zum Schweigen bringen sollte. Es ist nichts, was wir wegstecken müssen. Es ist kein Fehler, aus dem wir lernen müssen, keine Schuld, die wir bei uns finden müssen. Da gibt es nichts zu rechtfertigen und nichts zu akzeptieren.

Es ist nicht zu akzeptieren. Die Welt sollte das wissen. Die Welt muss lernen, dass Wunden nicht heilen können, wenn wir ihnen weder Beachtung noch Zeit schenken. Die Welt muss lernen, dass nicht alles mit einfachen Worten und Lebensweisheiten beiseitegekehrt werden kann. So einfach funktioniert es nicht. Niemals.

In der ersten Juniwoche fällt Oma Rosie unglücklich und schürft sich den Arm auf. Ich bringe ihr Eis zum Kühlen und Desinfektionsmittel. Sabri hockt im Blumenbeet, was Oma Rosie gar nicht gerne sieht, und schreibt Gedichte an seine Freundin, die mir immer noch ein unbekanntes Wesen ist. Kari sitzt neugierig daneben und pustet Rauchringe in die Luft. Etwas, das ich bis heute nicht kann.

Oma Rosie flucht wie ein Rohrspatz. »Ist schon gut«, sage ich und sprühe das Mittel auf die leicht blutende Wunde.

Sie verzieht ihr braunes, faltiges Gesicht, das schon so viel gesehen und so viel erlebt hat. »Wie dumm von mir«, seufzt sie. »So etwas passiert mir eigentlich nicht.«

Ich denke an ihre Worte, die schmerzhaften Worte, die sich in mir eingebrannt haben und die ich nicht mehr loswerde, immer mit ihr in Verbindung bringe.

»So etwas passiert.« Ich tupfe die Wunde ab und schiebe das Eis in ihre Richtung. Unsere Blicke treffen sich, und ihre Augen, die grünen Sprenkel darin, die sie an meine Mutter und mich weitergegeben hat, glitzern in der Sommersonne. »Es wird heilen.«

Oma Rosie lächelt mich schüchtern an. »Ja, das wird es.« Und so lasse ich ihre Worte los, schenke sie dem Universum, gebe sie an die Vergangenheit zurück, wo sie hingehören.

Die Tage treiben auf einmal so wild und zeitlos dahin. Nachmittage auf dem Fahrrad, Kari auf dem Gepäckträger, Alex und ich am See. Sie hat, wie mein Bruder auch, die Prüfung bestanden. Wir feiern es mit einer Flasche Champagner. Alex trinkt zu viel Champagner, übergibt sich und landet weinend in meinen Armen. Sabri lacht uns aus und verzieht sich zum Pinkeln in die Büsche.

Ich halte sie, so fest ich kann. »Was soll ich denn jetzt tun?«, sagt sie. »Was mache ich jetzt mit meinem Leben?«

Ich streiche ihr das verschwitzte Haar aus dem Gesicht und drücke ihr einen Kuss auf die eine Wange. Kari übernimmt die andere.

»Meine bessere Hälfte hat dir auch einen Kuss gegeben.« Alex reißt die tränenschimmernden Augen auf. »Ich wünschte, ich könnte sie sehen.«

Ich lache in ihr Haar. »Sie sieht dich. Und ich sehe dich. Du musst nicht wissen, was zu tun ist. Niemand weiß je, was zu tun ist.«

Damit kann sie leben und ich auch. Und so reißen wir den Sommer an uns, machen ihn uns zu eigen und tanzen in der Sonne, von glücklichen Tagen begleitet, brechen nachts ins Schwimmbad ein, schlafen im Park auf der Wiese, lesen uns gegenseitig aus unseren Lieblingsromanen vor und lachen, so viel wir können und sooft wir wollen, sind so lebendig, so jung.

Und so wie der Sommer kommt, brutal und unausweichlich, kommt mit ihm das Sommerfest. Das große, bekannte, beliebte Sommerfest.

Ich wusste immer, dass ich dem Tag nicht ausweichen kann. Es ist da, es steht vor meiner Tür, unheilvoll, geifernd und bereit, mich mit in die Hölle zu nehmen, dahin, wo meine Dämonen herkommen.

Der Tag verdient weder einen Namen noch ein Datum. Ich weiß nur, dass er da ist. Ich sehe die Posts im Internet, ich höre die Vorfreude im Radio, und ich spüre *ihn* überall. *Er* ist mit dem Sommerfest gekommen.

Ich verschanze mich in meinem Zimmer, mit dem Bild in den Händen, das Josh für mich gemalt hat. Ich halte es fest, versetze mich selbst in die Zeit zurück, an den Ort, an das Meer, und bereue, dass ich meine Eltern nicht gebeten habe, mit mir dorthin zu fahren. Nur für die Zeit. Nur für diesen einen Tag.

Kari hockt am Fenster. Sie schaut hinaus in die strahlende, blendende Sonne und schweigt so laut, wie nur sie es kann. Wie nur ich es kann.

Die Erinnerungen kommen wie ein alter, böser Feind, mit dem ich kämpfe, mit dem ich einen Krieg führe, den vielleicht nie jemand gewinnt.

»Hey, alles okay bei dir?«

Die Hitze, der Alkohol. Der staubige Platz, von dem ich mich entferne, der Bass in meiner Brust. Nur hinsetzen, nur kurz den Schwindel loswerden.

Nasse, drängende Lippen auf meinen. Nichts zu befürchten. Wer hat bei einem Kuss schon etwas zu befürchten?

Küssen ist schön. Es ist eins der schönsten Dinge, die wir Menschen können. Ich habe mir nichts dabei gedacht.

Die folgenden Stunden holen mich ein. Die Vernehmung auf der Wache, die so lange dauerte, so lange.

Die Polizistin wollte, dass ich mich hinsetze.

»Ich kann mich nicht hinsetzen.«

Aber so läuft es eben. Dinge müssen getan werden. Fragen müssen beantwortet werden. Fragen, die niemand beantworten will, nur damit sie Anhaltspunkte haben, irgendetwas, um nach jemandem zu suchen, den sie gar nicht finden könnten. Auf einem Fest wie diesem?

Ich hatte nichts. Ich hatte einen Namen. Nur einen Namen. Ein Alter. Aber wie hätte ich auch mehr haben können? An diesem Abend, auf diesem Sommerfest, bin ich nicht dort gewesen, um mehr über einen Jungen wie ihn zu erfahren. Es war ein Flirt. Ein Versuch, Nate zu vergessen. Ein Versuch, ein ganz normales Mädchen zu sein, das einen Abend lang ihren Spaß hat.

Aber dieses Mädchen starb auf diesem Platz. Es starb an diesem Ort. Es starb in diesem Dixi-Klo, und das Mädchen, das herausstolperte, das Mädchen, das nicht begreifen wollte, dass irgendjemand so etwas tut, dass irgendjemand ihm etwas antun möchte, fand seinen Weg in die Dunkelheit. Fand seinen Weg ins Krankenhaus, zur Untersuchung, da sieht etwas gerissen aus, hier ein Schmerzmittel, schnell die Pille danach, kein Risiko eingehen. Fand seinen Weg zu den endlosen schlaflosen Nächten, in denen es das Licht nicht ausschalten wollte, denn mit der Dunkelheit kam *er*, *sein* Geruch, *seine* Stimme, *seine* Hände an seinen Hüften, seinem Nacken, auf seinem Rücken. Seine Kleidung mitgenommen zur Untersuchung, der Weg zu einem Formular, nein, es stellt keinen Strafantrag, es möchte nicht, dass die Polizei, sollte sie etwas finden, handelt.

Denn sie wird nichts finden, so dachte das Mädchen. Und wenn? Dann wollte es nichts davon wissen. Wir haben alle schon von Prozessen wie diesen gehört. Wir wissen, wie es ablaufen kann.

Also wollte es sich der Strafe stellen, für immer damit leben zu müssen. Nie zu wissen, wer er ist. Nie zu wissen, ob er weiß, was er getan hat. Ihn als gesichtsloses Monster mit sich herumzutragen, solange es lebt.

So dachte es. So wollte es es. Und so kamen die Wutausbrüche, die Tränen seiner Mutter, die Wut seines Vaters, die er nie nach außen trug, weil der Glauben an es und seine Stärke größer war. So kamen die Abende mit Sabri, an denen er wusste, das Mädchen würde nicht schlafen können. Also schlief er bei ihm, beruhigte es mit seinem sanften Schnarchen, bis es bereit war, sich der Nacht wieder alleine zu stellen. Aber niemand konnte die Stimmen vertreiben. Niemand konnte ihm die Scham, die Wut und die Angst nehmen, niemand die Erinnerung. Auch nicht der Whiskey, der Wein, der Wodka. Nichts konnte es damit leben lassen. Und so ging es zur Brücke. Es ging, weil es sterben wollte. Es ging, um es nicht mehr ertragen zu müssen, denn der Tod schenkt die Erleichterung, es musste so sein, wozu ist der Tod sonst gut?

Aber es ließ nicht los. Es hörte nicht auf. Es ging in die Klinik. Es ging dorthin in der Hoffnung, dass der Tod sich nicht nach ihm sehnt und es sich nicht nach ihm.

Auch dieses Mädchen gibt es nicht mehr. Es ist nicht mehr da. Es will nicht mehr sterben.

Es sieht es nicht ein, dafür zu sterben. Nicht für *ihn*. Niemals für *ihn*.

48

Der Sommerwind streichelt mein Gesicht, als wolle er mich trösten. *Du hast es geschafft,* flüstert er. *Der Tag ist vorbei.*

Die Sonne geht hinter den Hausdächern unter, Grillgeruch und das Lachen der Menschen, die diesen Tag genießen und zelebrieren, wandern durch die Nachbarschaft.

Mein Vater sitzt auf einem unserer alten Klappstücke auf dem Rasen, direkt unter dem Flieder und liest einen seiner heißgeliebten Krimis. Ich tappe barfuß auf ihn zu, hocke mich im Schneidersitz zu seinen Füßen und rupfe ein paar Grashalme raus.

»Pass bloß auf, dass deine Mutter das nicht sieht«, sagt er, ohne von seinem Buch aufzusehen. Ich lasse den Rasen in Ruhe und lehne meine Stirn gegen Dads Knie.

Ich frage mich, wie es ist, ein Vater zu sein. Und eine Mutter. Ich frage mich, wie es ist, ein Kind auf die Welt gebracht zu haben, zu beobachten, wie es mit wackeligen Beinen das Leben erkundet und dann hinfällt. Es tut sich weh. Es tut sich so sehr weh, dass es glaubt, der Schmerz höre niemals auf.

Wie ist das? Wie fühlt sich das an?

Dad streicht über meinen Kopf. »Du warst nur in deinem Zimmer«, stellt er fest. »Heute war ein wunderbarer Tag.«

»Heute war das Sommerfest«, sage ich. Dad fährt sich über die Glatze und schiebt seine Lesebrille die Stirn hoch. Ich denke, er wusste das.

Er schaut mich lange an, und ich erwidere seinen Blick, beinahe trotzig, aber was könnte ich ihm schon vormachen?

»Ein Jahr«, murmelt er. »Ein schweres, schmerzvolles Jahr. Ganz besonders für dich.«

Ich seufze zustimmend. Jetzt, da er es sagt, fühlt es sich an, als würde die Last dieses Jahres meine Schultern erdrücken und mir jede Energie rauben.

»Was ist mit Nate und dir passiert?«

Ich lasse den Blick schweifen, denn wenn wir uns jetzt ansehen, kann ich keiner Emotion standhalten. Mein Vater kennt mich mein ganzes Leben. Er kennt Nate sein ganzes Leben. Er kennt unsere Freundschaft, er weiß, was sie bedeutet hat, er weiß, was sie immer noch bedeutet, und er weiß, dass nichts mehr so ist, wie es mal war. Aber mein Dad ist nicht die Sorte Mensch, die alles offen anspricht. Mein Dad ist schweigsam, zurückhaltend, er lässt den Dingen seinen Lauf. Vielleicht liegt es an der Lebenserfahrung, an seinem Alter, an den vielen Büchern, die er liest. Vielleicht sieht er alles ganz genau, aber die Beobachtung an sich genügt. Meine Mutter ist anders. Wenn sie etwas anspricht und daran scheitert, keine Antwort erhält, dann frisst es sie auf. Die beiden unterscheiden sich in so vielen Dingen, und doch sehe ich Dads Liebe jedes Mal, ich sehe es in der Art, wie er sie anschaut, wie er ihr Zeilen aus einem Roman vorliest, wie er sie zum Lachen bringt.

»Ich glaube nicht, dass ich lieben kann«, antworte ich. Dad runzelt die Stirn.

»Ich kann mich selbst nicht lieben. Also kann ich auch ihn nicht lieben.«

Mein Vater schweigt eine Weile. »Die Liebe ist das, was eure Freundschaft ausmacht und schon immer ausgemacht hat. Ich habe in meinem Leben wenig Vergleichbares gesehen. Euch verbindet etwas, das nur ihr verstehen könnt. Manchmal, nur manchmal, liegt man bei seinen eigenen Ansichten falsch. Meinst du nicht?«

Er schenkt mir ein schiefes Lächeln und hebt mit einem Finger mein Kinn an, damit ich ihn ansehe. »Du bist wunderbar. Du weißt, dass du wunderbar bist. Du liebst dich. Du kannst dich nur manchmal nicht leiden.«

Und einfach so, mit einer Wahrheit, die meinem Vater so gelassen von den Lippen geht, stellt er alles auf den Kopf, was ich je von mir geglaubt habe.

Meine Mutter liegt im Wohnzimmer auf der Couch und schaut fern, obwohl sie eigentlich solche Tage mit meinem Vater im Garten verbringt. Mein Bruder ist wahrscheinlich bei seiner Heißgeliebten. Oder zum zehnten Mal feiern, dass er die Prüfung bestanden hat. So oder so bekommen wir ihn nicht mehr oft zu Gesicht.

Ich rolle mich neben Mom zusammen, Kari hockt auf der Couchlehne und starrt auf den Bildschirm, wo irgendetwas läuft, das sehr wie eine Reality-Serie ausschaut. Mom tippt mich mit einem Fuß an.

»Alles in Ordnung?«

Ich zucke mit den Schultern. »Eigentlich schon. Und eigentlich nicht.«

Mom setzt sich auf und schaltet den Fernseher aus.

»Möchtest du wieder zu einer Therapie?«

Ich starre sie an. Therapie. Aufarbeiten. Durchkauen. Reden. Reden, reden, reden. Erinnern, immer wieder. Fragen beantworten, die niemand beantworten will.

»Wozu?«

»Vielleicht hilft es dir.«

»Brauche ich denn Hilfe?«

Moms Augen, die so viel Liebe ausstrahlen, so viel Güte, dass ich immer noch glaube, irgendwann platzt sie, schimmern verdächtig.

»Du redest nicht mit mir«, sagt sie. Wahrheit. Ich rede nicht mit ihr. Ich rede mit niemandem. Ich rede mit jemandem, der nicht real ist. Einem Mädchen, das nur ich sehen kann, eine Halluzination, ein Teil von mir, nicht der Wirklichkeit entsprechend. Kari schaut mich an und neigt den Kopf leicht, in Moms Richtung. Es ist eine Aufforderung. Ein Anstupser. Ich atme tief ein. Und ich erzähle Mom von diesem Tag. Ich erzähle von der dunklen Zeit, von den Dämonen, von dem Gefühl, kaputt zu sein, unheilbar.

Sie hört und schweigt, sie sagt kein Wort, nicht mal, als mir dieser gottverdammte Tag die Wangen herunterrinnt. Sie legt die Arme um mich und wiegt mich, so wie Mütter es tun, hält mich so fest, wie Mütter es tun.

Wie nur eine Mutter es kann.

49

Als der Regen kommt, steht die Welt still. Er prasselt auf die Erde nieder, wie die Sintflut. Alles wird davongespült. Die unerträgliche Hitze, die Erinnerungen. Es sind Tage voller Blitz und Donner, und ich tanze mit Kari im Sturm, barfuß, der Regen wagt sich unter meine Haut, greift in meine Knochen, reißt mich davon.

Alex holt mich aus dem Haus. Wir sitzen im Park unter einer Trauerweide, ihrem Lieblingsbaum. Die Nässe stört uns nicht.

»Ich habe etwas für dich«, sagt Alex und greift in ihre perlenbesetzte Umhängetasche. Kari lugt neugierig über meine Schulter, als mir der Briefumschlag überreicht wird.

Ich mustere ihn schweigend. Alex zündet sich eine Zigarette an und pustet den Rauch in die schwüle Luft.

»Er ist von Nate.«

Kari macht große Augen. »Ach nee.«

Alex berührt mich sanft an der Schulter. »Er hat ihn mir gegeben. Vor zwei Tagen. Lies ihn, wenn du bereit bist.«

Ich drücke den Briefumschlag an meine Brust, ein paar Tropfen stehlen sich auf das Papier. *Wenn ich bereit bin.* Werde ich das je sein?

»Was hast du jetzt vor?«, frage ich. Alex zuckt die Achseln, schließt die Augen, als würde die Frage ihr zu viel abverlangen.

»Meine Eltern wollen, dass ich irgendwas im Büro mache.

Oder das Gleiche studiere wie mein alter Herr, damit ich so reich werde wie er.« Sie lacht, ohne es lustig zu finden. »Ich will nicht so werden wie sie. Ich will kein Kind in die Welt setzen und es nie sehen. Nie fragen, wie sein Tag war. Nie wissen, wo es sich abends herumtreibt.«

Ich muss an die vielen Partys denken. Die Abende alleine in diesem riesigen Haus, in dem niemand wirklich wohnt. Die Gleichgültigkeit lebt in diesen Wänden, sie ist überall spürbar.

»Scheiß drauf«, entfährt es mir. Alex schenkt mir ein schiefes Grinsen. *Das* findet sie lustig. »Wie bitte?«

»Scheiß drauf, was sie wollen. Was willst du?«

»Einen süßen Typ finden und durchbrennen. Auf einer Insel wohnen. Hungernden Kindern helfen. Oder Tieren. Ich weiß nicht.«

»Siehst du«, sage ich. »So schwer ist das gar nicht.«

Kari folgt mir auf Schritt und Tritt, während ich durch die Wohnung schleiche. »Mach ihn auf.«

»Halt die Klappe.«

»Los, mach ihn auf!«

Der Brief wiegt schwer in meiner Hand. Was soll ich damit? Wieso hat Nate das getan? Nate hat mir noch nie geschrieben. Ich kann mich nicht erinnern, dass Nate je irgendwas geschrieben hat. Er ist ein Redner. Er redet sich um Kopf und Kragen. Er schreibt keine Briefe.

In meinem Zimmer halte ich es nicht mehr aus. Das sanfte Trommeln des Regens macht mich schläfrig, obwohl mein Kopf auf Hochtouren arbeitet. Auf dem Boden hockend, ziehe ich langsam das zusammengefaltete Papier aus dem Briefumschlag.

Tinte. Er hat mit Tinte geschrieben.

Kari rollt sich auf den Bauch und legt das Kinn auf die Hände, die Herzchensonnenbrille rutscht ihr auf die Nase. »Na los.«

Ich streiche mit zittrigen Händen das Papier glatt. Unverkennbar, Nates Handschrift. Etwas unordentlich, etwas krakelig. Es fühlt sich an, wie in seine Seele zu schauen. Ich sehe ihn vor mir, auf dem Dach sitzend, die Sonne im Rücken, ein kühles Bier zu seinen Füßen. Einen Brief schreibend. Was sind es für Worte? Was will er mir sagen?

Liebe beste Freundin,

ich weiß. Ich bin nicht der Schreiber-Typ. Das ist wahrscheinlich das Erste, was du dir denkst, denn du kennst mich gut. Du kennst mich so gut wie kein anderer. Du kennst mich vielleicht besser, als ich mich kenne. War das nicht das Wunderbare? Jemanden an seiner Seite zu wissen, der einen wirklich kennt?
Vielleicht glaubst du mir nicht mehr. Aber ich kenne dich. Ich kenne dich, seit du in Windeln durch unseren Garten gerobbt bist. Vielleicht erinnere ich mich nicht daran, aber dieses Band ist schon immer da gewesen. Wir teilen eine Kindheit. Und eine Jugend. Weißt du noch, als ich im Schwimmbad vor fünf Jahren meinen ersten Kuss hatte? Ich weiß noch, dass sie Maria hieß. Du hast uns gesehen, und du warst so eifersüchtig. Ich erinnere mich an deinen Blick. Am liebsten hättest du ihr das Gesicht zerkratzt, denn ich gehörte dir. Ich gehöre dir. Wir teilen Erinnerungen, die nicht auf diese Seite passen. Mehr als ein ganzes Buch. Eine Kindheit, eine Jugend.

Aber du bist keine Jugendliche mehr. Mit einem Schlag musstest du erwachsen werden, obwohl du es gar nicht

hättest dürfen. Dir wurde eine Stärke abverlangt, die niemandem abverlangt werden sollte. Ich vergesse das oft. Du bist nicht mehr dieselbe. Aber das musst du auch nicht. Alles, was du bist, ist alles, was ich will. Ich will deinen Schmerz. Ich will ihn sehen. Ich will sehen, was du siehst. Ich will da sein. Ich will an deiner Seite sein, denn ich gehöre zu dir und du gehörst zu mir. Ich schaue dich an und frage mich immer wieder: Wieso konnte ich es nicht früher sehen? Wieso hat es so lange gedauert? Du wusstest es schon immer. Du warst in mich verliebt, ich habe es gewusst und so getan, als wäre es nicht so. So getan, als würde ich nicht dasselbe empfinden, mich versteckt, weil ich ein Feigling bin. Das brauchst du nicht. Du brauchst mich nicht. Du bist der stärkste Mensch, den ich kenne, und du brauchst niemanden, der dich rettet. Wir alle wollen gerettet werden. Aber du nicht. Du bist anders. Du bist einzigartig. Du trinkst deinen Kakao immer mit Sahne. Du wünschst dir was, wenn du eine Sternschnuppe siehst. Du magst Whiskey. Du liebst den Frühling. Wenn du lügst, beißt du dir auf die Lippen, was übrigens verdammt sexy ist. Du schläfst nie bei offenem Fenster, und du hast den unwahrscheinlichsten Namen der Welt.
Du wolltest sterben. Ich weiß, dass du sterben wolltest. Dein Leben war nicht mehr genug. Es hatte nichts mehr zu bieten. Aber weißt du was?
Ich habe noch nie etwas so Lebendiges gesehen wie dich.

Dein bester Freund. Für immer.

Oh, verflucht.

50

Sabri ist verschwunden. Mom kriegt einen Anfall, und Dad tut das Ganze als jugendlichen Leichtsinn ab.

Der Junge war wieder feiern. Er wird bei einem Kumpel eingepennt sein. Er taucht schon wieder auf. Vielleicht ist er bei seiner Liebe versackt und hat keinen Akku mehr. Ach, und sie besitzt kein Ladekabel? Wer ist dieses Mädchen überhaupt? Warum kennen wir sie nicht?

Zu Hause sind alle in heller Aufregung. Ich beobachte die undiplomatische Diskussion meiner Eltern eine Weile, bevor ich selbst anfange, mir Sorgen zu machen. Sabri ist zwei Jahre älter als ich, und er ist kein einfacher Bruder und Sohn. Noch nie gewesen.

Aber er ist verlässlich. Er meldet sich. Er kommt nach Hause. Wenn nicht, sagt er Bescheid. Kari hopst auf meinem Bett herum, wo Nates Brief unter mein Kopfkissen geschoben ruht, nur darauf wartend, zum millionsten Mal gelesen zu werden.

»Mein Bruder ist weg«, sage ich, als würde ich die Abendnachrichten verkünden. Kari hört mit dem Gehopse auf. »Gehen wir ihn suchen?«

Dieser Samstagmorgen ist grau. Die Sonne ist nicht zu sehen, kein klarblauer Himmel, kein Hauch von Sommer. Nur die ansteigende Hitze lässt einen spüren, das wir auf den Juli zugehen.

Wir suchen die Parks in der Nähe ab. Immer wieder rufe ich Sabri an, aber es antwortet nur die Mailbox.

Wo in dieser verfluchten Stadt könnte er sein?

Kari und ich machen uns auf den Weg ins Zentrum, laufen ein paar kichernden Mädels über den Weg, die sich tierisch über irgendwas amüsieren. Ihr Spaß bringt mich zum Schmunzeln. Sie strahlen so viel Schönheit aus.

Irgendwo zwischen Schrebergärten und Einfamilienhäusern bleibe ich stehen und fluche lautstark los.

»Er muss doch irgendwo sein«, überlegt Kari laut, ohne eine Spur von Pessimismus.

»Verdammte Scheiße!«

»Vielleicht hat er sich verlaufen?«

»Himmel nochmal, ich trete diesem Drecksack in den Arsch!«

»Ihm wird nichts passiert sein.«

Kari und ich diskutieren eine Weile, bis ein älterer Herr mit einer Zeitschrift unter dem Arm an mir vorbeihuscht und mir einen Vogel zeigt.

»Vielleicht ist er an dem Ort!« Kari packt mich an den Schultern. Ich atme tief durch. »Wenn er nicht da ist, trete ich ihm nicht nur in den Arsch, sondern auch in die Eier.«

Der Weg ist lang, aber zu meinem Glück hat Kari ein besseres Erinnerungsvermögen als ich.

Bei Tageslicht hat die Fabrikhalle etwas Unwirkliches an sich. Ein Ort, den man alleine nicht betreten will, weder bei Tag noch bei Nacht. Als der modrige Geruch mir entgegenschlägt, schiebe ich mir mein T-Shirt über die Nase und versuche, in der stickigen, staubigen Halle etwas zu erkennen.

Ich kann ihn nicht sehen, aber ich höre ihn. Schnell stolpere ich los, Scherben knirschen unter meinen Schuhen, ich pralle gegen ein umgeworfenes Fahrzeug und finde meinen Bruder zwischen Trümmern auf dem dreckigen Boden.

Er hat sich die Kapuze tief ins Gesicht gezogen, damit man seine Tränen nicht sieht.

»Sabri!« Ich gehe auf die Knie. Er hebt den Kopf und schaut mich an, aber er sieht mich nicht. Seine Augen flimmern vor Schmerz.

Ich kann es spüren. Ich kann es sehen. Ich kann es in der Luft wahrnehmen, egal, wie staubig und stickig sie sein mag. Mein Bruder hat ein gebrochenes Herz.

Ich ziehe ihn in die Arme. Er schiebt mich fort.

»Was ist passiert?«

»Sie hat mich verlassen.«

»Warum?«

»Weil sie es nicht kann.«

»Was kann sie nicht?«

»Mit mir zusammen sein.«

»Warum nicht?«

»Weil sie ist wie du.« Er schaut mich an, und sein Schmerz spiegelt sich unmittelbar in meinem Gesicht wider.

»Nein«, ist alles, was ich sagen kann.

Er vergräbt das Gesicht in den Händen.

Ich hasse diese Welt.

51

Alice. Sie hat langes schwarzes Haar und stark geschminkte Augen. Sabri hat ein Foto von ihr in seiner Brieftasche.

Ich begutachte das Bild eine Weile, während wir zwischen dem Chaos hocken und eine Zigarette nach der anderen qualmen. Sabri wischt sich immer wieder über die Augen, weil die Tränen nicht aufhören wollen.

Ich weiß nicht, was ich fragen darf und was nicht. Aber ich frage trotzdem.

»Kannte sie ihn?«

»Es ist schon lange her«, murmelt Sabri. »Aber sie hat mehr damit zu kämpfen, als ich ahnen konnte. Sie wollte nicht mit mir schlafen. Manchmal war küssen schon zu viel.«

Jedes seiner Worte rammt mir eine Faust in den Magen. Ich habe es nicht kommen sehen. Ich hätte das niemals kommen sehen.

»Was ist denn passiert?«, frage ich noch einmal.

»Sie sagte, sie kann keine Beziehung führen. Sie ist nicht bereit. Sie hat zu viele Probleme mit sich.«

Wir schweigen uns an. Kari ist zum ersten Mal so mucksmäuschenstill, dass sie genauso gut gar nicht hier sein könnte. Ich bin mir ihrer Anwesenheit bewusst, aber hierfür gibt es keine aufmunternden Sprüche.

Sabri schließt die Augen und reckt das Gesicht Richtung Decke.

»Ich dachte, ich könnte es. Ich dachte, ich wüsste, was abgeht. Schließlich ist es dir auch passiert. Es war mir nicht fremd. Aber ich habe alles falsch gemacht.«

Nein, will ich sagen. Es liegt nicht an dir. Du hast alles richtig gemacht. Aber nichts davon wäre wahr. Denn Alice wird nicht unterscheiden zwischen richtig und falsch. Alles, was sie gesehen hat, war *er*. Kein Wort erscheint mir richtig, kein Ratschlag genug.

»Ich kann ihn verstehen, weißt du«, Sabri zündet sich eine neue Zigarette an und hustet. Ich strecke meine Beine, die vom langen Sitzen schmerzen.

»Wen?«

»Nate.«

»Was kannst du verstehen?«

»Er liebt dich. Und das, was dir passiert ist, kommt gegen Liebe nun mal nicht an. Denn man liebt den Menschen. Und die Vergangenheit ist egal. Die Geschichte ist egal. Es spielt keine Rolle. Man liebt ihn einfach.«

Ich spüre, wie sich Tränen in meinen Augen sammeln. Verdammte Heulsuse! Ich denke an Nates Brief. Ich denke an seine Hand an meiner Wange. Ich denke an Joshs Kuss. Ich denke an den Sex mit Ben. Ich denke an alles, was gut an diesen Dingen war. Mein Bruder erwidert meinen Blick, und wir teilen unsere Tränen. Er hat recht.

Man liebt diesen Menschen einfach. Alles andere kommt dagegen nicht an. Auch eine Vergewaltigung nicht.

Ich vernehme ein Wimmern. Unter einem Tränenschleier hindurch erkenne ich Karis Gesicht, mein Gesicht, die verrutschte Herzchensonnenbrille und ihre Hand, meine Hand, die sich an mir festhält. Kari weint. Ich habe sie noch nie weinen sehen. Ich wäre nicht einmal zu der Annahme gekommen, dass sie weinen kann.

Wir weinen zusammen. In dieser Fabrikhalle, wo die zurückgelassenen Dinge liegen, wo das gebrochene Herz meines Bruders liegt. Wir weinen um Alice.

Wir weinen um mich.

»Gib ihr Zeit«, flüstere ich in der Hoffnung, meine Worte kommen irgendwo an, finden etwas, wo sie hängen bleiben.

»Gib sie nicht auf.«

Ich bin mir nicht mehr sicher, ob ich zu Sabri oder zu dem Jungen rede, der mir einen Brief geschrieben hat.

Die Erleichterung ist groß. Meine Eltern sind einfühlsam genug, meinen Bruder nicht nach den Dingen zu fragen, die er nicht erzählen will. Wer schon einmal Liebeskummer hatte, weiß, wie das ist.

Und doch ist es mehr als das. Sabri verschanzt sich in seinem Zimmer und bleibt den ganzen Tag dort. Mom rupft Unkraut im Garten, Dad liest, und ich weiß nicht, wohin mit mir.

Ich halte Joshs Bild in den Händen, das er für mich gemalt hat. Ich halte Nates Brief in den Händen, den er für mich geschrieben hat.

Ich hätte nicht gedacht, dass die Macht der geschriebenen Worte so groß sein kann. Kari beobachtet mich mit einem seltsamen Blick, den ich nicht recht einordnen kann. Sie scheint mitgenommen.

Genau wie ich es bin.

Dieser Samstag zieht sich, und die Unruhe kommt zu mir. Was soll ich tun? Wie kann ich die Dinge ändern?

Gar nicht. Natürlich nicht.

Ich überlege, Nate anzurufen. Ich überlege, ihm zu schreiben. Aber ich finde die Worte nicht.

Alex ruft mich an. Sie klingt gelangweilt, wie immer.

»Gehen wir raus?« In Ordnung. Was sollen wir auch sonst tun? Was habe ich Besseres zu erledigen?

Wir streifen im Park umher, trinken ein kaltes Bier und schweigen. Alex weiß, dass etwas nicht in Ordnung ist. Ich will es nicht erzählen, also wird sie mich nicht fragen. Ist das gut? Ist es schlecht? Sollten wir immer über alles reden? Sollten wir lieber die Klappe halten?

Was wäre der richtige Weg? Ich habe keine Ahnung. Kari hat keine Ahnung.

Niemand hat eine Ahnung.

52

Alex besorgt etwas zu trinken im Supermarkt, und wir gehen in den Park zurück. Eigentlich will ich nicht trinken. Eigentlich will ich unbedingt trinken. Ich will die Gedanken loswerden, sie leichter werden lassen.

Sabri geht mir nicht mehr aus dem Kopf. Nates Brief geht mir nicht aus dem Kopf. Moms Frage: »Willst du wieder zur Therapie?«

Vielleicht sollte ich. Vielleicht sollte ich nicht. Vielleicht würde das alles nur schlimmer machen. Vielleicht, vielleicht, vielleicht.

Alex schüttet ein bisschen Whiskey in einen Plastikbecher und reicht ihn mir.

Scheiß drauf.

»Du gehst bald zurück in die Schule«, sagt sie.

»Gut erkannt.«

»Bist du bereit?«

Ich nehme einen Schluck. Brennen, ein Ziehen in der Brust, die wohlige Wärme. Immer runter damit.

»Bereit wofür?«, frage ich.

»Für die Vollidioten.« Alex führt ihren Becher zum Mund und kippt den Inhalt in einem Zug runter. Ich frage mich, ob sie versucht, etwas zu vergessen. Ob sie etwas ertränken will. Aber Alex hat noch nie von sich aus über ihre eigenen Dämonen gesprochen.

»Die Frage ist doch, wer du sein willst«, spricht sie weiter.

»Welchen Menschen willst du präsentieren? Die Verrückte kannst du in der Schule schlecht raushängen lassen.«

Kari kichert. Ich zucke mit den Schultern. »Ich werde nicht als die Vergewaltigte in der Schule herumlaufen.«

»Das sollst du auch nicht.« Alex schenkt sich noch einen Becher ein. »Aber du wirst dich so fühlen. Denn dort wird keiner Rücksicht nehmen. Weißt du, wie oft Jungs etwas sagen, ohne darüber nachzudenken? Mädchen genauso. *Oooh, meine Haare sehen heute so vergewaltigt aus! Guck mal, wie die Lehrerin mit uns redet. Sind wir Vergewaltigungsopfer, oder was?*«

Da spricht jemand aus Erfahrung. Ich schenke mir auch noch einen Becher ein. »Reden sie wirklich so?«

Alex nickt. »Sie sind alle dumm. Ich war auch dumm. Du vielleicht auch. Damals, meine ich. Wir sagen etwas und wissen nicht, was es bedeutet. Aber in der Schule wirst du damit jeden Tag leben müssen.«

Die Vorstellung, die Schule zu schmeißen, erscheint mir überhaupt nicht mehr unangenehm.

»Ich werde wohl damit leben müssen«, sage ich. Alex berührt meine Hand. »Wenn jemand damit leben kann, dann du.«

Der Whiskey zeigt seine Wirkung. Es ist zu viel. Meine Gedanken verlaufen zusammenhanglos ineinander und wirbeln die Dinge fort, die ich nicht in meinem Kopf haben will.

Die Sonne brennt. Alex kriegt einen Anruf.

»Justin kommt gleich vorbei.«

Meine Zunge liegt so schwer im Mund, dass ich mich konzentrieren muss, um nicht zu lallen. Na super. Es ist noch nicht mal früher Abend, und ich bin mal wieder total besoffen.

»Justin *wer*?«

»Aus der Schule. Kennst du ihn nicht mehr? Aus meinem Jahrgang.«

Es rattert und rattert und rattert. Kari runzelt die Stirn, als sie sich genauso erinnert wie ich.

»*Der* Justin?«

Alex macht große Augen. »Was ist denn?«

Ich erinnere mich an einen Justin. Ein hübscher, blonder, großgewachsener Junge, supersportlich, supersüß. Ein Superarschloch. Kaum ein Mädchen blieb von Pfiffen, unangenehmen Blicken und Respektlosigkeit verschont.

»Was hast du denn mit dem zu tun?« Ich stehe wankend auf. Wasser wäre nicht schlecht. Alex kichert. »Manchmal bekomme ich Gras von ihm. Er kann echt nett sein!«

Echt nett. Welcher Typ kann denn nicht echt nett sein, wenn er will? Mir gefällt die Vorstellung nicht, dass Justin kommt, aber ich habe keine Lust, nach Hause zu gehen.

Vor allem aber habe ich keine Lust, meine Freundin mit diesem Jungen alleine zu lassen.

53

Justin ist nicht gekommen, um mit uns Zeit zu verbringen, sondern um eine Party im Park zu veranstalten. Inzwischen habe ich den Überblick über die Leute, die mir bekannt vorkommen, verloren.

Ich wollte ihm eine Chance geben, aber stattdessen zog Justin mich nur mit seinem Blick aus, musterte mich von oben bis unten wie frische Ware und wandte sich dann ab, als wäre es ihm langweilig geworden. Ich torkele über die Wiese auf der Suche nach Alex, die sich bei der ersten Gelegenheit mit Superarschloch verzogen hat. Mir missfällt der Gedanke, dass die beiden Zeit verbringen, so sehr, dass ich sie am liebsten in ihrem Haus einsperren möchte. Kari folgt mir schweigend. Sie hat einen finsteren Blick drauf, als würde sie nichts Gutes ahnen.

»Du solltest ausnüchtern«, sagt sie.

»Allerdings«, nuschele ich zurück, als ich Alex und Justin endlich finde, auf einer Parkbank, nicht weit von der Wiese.

Ich komme auf die beiden zu, Justin dreht sich in meine Richtung und grinst ein unsympathisches Grinsen.

»Hey, Süße. Willst du was rauchen?«

Ich ignoriere ihn. »Ich will nach Hause, Alex.«

Sie schaut mich mit zusammengekniffenen Augen an. Anscheinend ist sie Justins Angebot bereits selbst nachgekommen.

»Warum das denn?«, fragt sie verwundert.

»Kommst du mit?«, übergehe ich ihre Frage. Alex lacht, als hätte ich einen unglaublich guten Witz gemacht. »Wir wollen später noch feiern gehen.«

Justin nickt und wirft Alex einen Blick zu, den ich nur allzu gut deuten kann. Magensäure sammelt sich in meinem Mund. Ich weiß nicht, ob es an ihm liegt oder dem Whiskey. Beides ist sehr wahrscheinlich.

»Können wir kurz reden?«

Alex steht widerwillig auf und geht mit mir ein Stück. »Was ist dein Problem?«, faucht sie mich an. Ich versuche, nicht den Whiskey sprechen zu lassen. Unmöglich.

»Geh nicht mit ihm«, bitte ich sie. »Du weißt, was er will.«

»Ich kann auf mich selbst aufpassen.«

»Er ist nicht der Typ, der ein Nein akzeptiert.«

»Woher willst du das wissen?«

»Hast du mal gesehen, wie der dich anguckt?«

»Vielleicht gefällt mir das ja!«

Ich kann nichts dagegen tun. Ich werde wütend. Die Wut wandert durch meine Venen, vernichtet jede Klarheit. Kari greift mich am Handgelenk, aber ich schüttele sie ab.

»Geh nicht mit ihm«, flehe ich sie an. »Ich will nicht, dass dir etwas passiert!«

Alex schnaubt verächtlich. »Nicht jeder Typ ist ein Vergewaltiger, Sakari! Komm mal wieder runter.«

Bum. Das kommt an. Das trifft. Die Wucht ihrer Worte lässt mich zurücktaumeln. Alex schaut zu Boden. Sie weiß, sie kann es nicht mehr zurücknehmen.

Justin steht auf und kommt auf uns zu. Mir wird noch schlechter, bei jedem Schritt, den er näher kommt.

»Seid ihr bald mal fertig? Wir wollen gleich los. Du kommst

doch mit, oder?« Er lächelt Alex an, und sie nickt. Ich will mich umdrehen und gehen. Justin ist schneller und greift mein Handgelenk. Ich erstarre zu Eis. »Kommst du auch mit?«

»Fass mich nicht an!« Ich reiße mich los, stolpere auf den nächstbesten Weg und beginne zu rennen, ich höre Alex rufen, aber das spielt jetzt keine Rolle mehr. Sie hat ihre Entscheidung getroffen.

Mein Weg führt durch die Stadt. Ich ignoriere die Anrufe. Sogar die meiner Eltern. Ich weiß, dass ich nach Sabris kurzem Verschwinden nicht das nächste Sorgenkind sein will. Ich weiß, dass es sich nicht gehört. Aber ich kann nichts anderes tun, als geradeaus zu laufen, Alex vor Augen, die mit einem Jungen geht, mit dem sie nicht gehen sollte. Kari redet auf mich ein. »Ihr wird nichts passieren!«

»Das weißt du nicht.«

»Dann geh wieder zurück.«

Aber auch das kann ich nicht. Ich will nicht die aufdringliche, überbesorgte beste Freundin spielen. Auch das gehört sich nicht. Oder?

Nichts ergibt mehr einen Sinn. Ich weiß nicht, wohin ich laufe. Ich weiß nicht mal, wie spät es ist.

An der nächsten Straßenecke übergebe ich mich. Es sind die Gedanken. Und die Erinnerungen. Die Vorstellungen, Szenarien in meinem Kopf, die nie eingetreten sind, die vermutlich auch nie eintreten werden. Aber ich kann mich nicht wehren. Ich kann nichts dagegen tun. An der nächsten Tankstelle kratze ich Münzen für eine Flasche Wasser zusammen und spüle mir gründlich den Mund aus. Kari folgt mir wie ein ängstliches Küken. Vielleicht weiß sie ja, wo ich hinwill.

Aber der Weg führt uns dorthin, wo ich *nicht* hinwollte. Ich stehe auf der Brücke. Die eine Brücke, die mein Ausweg sein sollte. Der Tag, an dem ich mein Leben beenden wollte. Sie ist wie leergefegt, keine Passanten, keine nächtlichen Teenager, kein Spaziergänger mit Hund. Nur ich und die Laternen, das Rauschen der Fahrbahn unter mir, ein Brückengeländer, das mich davon trennt.

Die Stimmen kommen. Sie kommen einfach so, ohne Vorwarnung, wie jedes Mal.

»Es ist deine Schuld.«

»Du hättest es nicht zulassen dürfen.«

»Wieso bist du mit ihm gegangen?«

»Schlampe. Du bist eine Schlampe.«

»Du hast es verdient.«

Ich werde wieder wütend. Wieder traurig. Alles auf einmal.

Kari reißt mich an sich, ihre Arme um mich geschlungen, stehen wir da. »Es ist nicht deine Schuld!«, ruft sie.

»Stimmt«, sage ich, während die Tränen kommen, diese gottverdammten Tränen, die niemand gebrauchen kann. »Es ist deine.«

Kari lässt mich los. »Was?«

Ich drehe mich zu ihr um, zu mir, meiner waschechten Halluzination. So glücklich. Immer so positiv. Nichts kann sie aufhalten. Sie inhaliert das Leben, sie liebt das Leben. Naiv, wie ich es war. Dumm, wie ich es gewesen bin. Da steht sie vor mir, der Teil von mir, der eine Teil, der nicht ahnen konnte, dass es Menschen da draußen gibt, die einem was antun. Dass es Männer da draußen gibt, die einem was antun.

»Es ist deine Schuld«, sage ich wieder. Kari schüttelt den Kopf. »Warum sagst du das?«

»Hau ab!«, schreie ich. »Nur wegen dir ist es passiert! Nur wegen dir hat er mir das angetan! Du bist der Teil von mir, der schlecht ist!« Ich schleudere die Worte in ihre Richtung, in der Hoffnung, dass sie treffen, in der Hoffnung, dass all mein Schmerz mit ihnen geht. Ich brülle Kari so lange an, bis ich vor lauter Tränen nichts mehr sehe. Ich packe das Brückengeländer, halte mich daran fest, sinke auf die Knie, denn die Wut verpufft, und die Leere kommt. Es könnten Stunden vergangen sein. Tage. Als ich wieder aufschaue, bin ich alleine.

Sie ist weg.

54

Kari ist weg. Sie ist fortgegangen. Ich habe sie vernichtet.

Ich stolpere den Weg nach Hause, zitternd, mit klappernden Zähnen, weil ich nicht weiß, wohin mit dieser Leere, wohin mit dieser Wut.

Alex wartet vor meiner Tür. Sie sieht mitgenommen aus.

»Sakari«, flüstert sie meinen Namen. Sie schlingt die Arme um mich, aber ich erwidere die Umarmung nicht.

»Du hattest recht.« Sie beginnt zu schluchzen. »Ich war so dumm. Ich habe nein gesagt, aber er wollte nicht aufhören.«

Ich reiße mich von ihr los, packe ihr Gesicht. »Was hat er getan?«

»Alles okay. Ich habe ihm eine Ohrfeige verpasst und bin abgehauen. Mir geht's gut.«

Geht es dir nicht. Du fühlst dich schmutzig. Du fühlst dich wertlos.

Ich kann es in ihren Augen sehen, muss es nicht aussprechen. Wir setzen uns auf die Bank, Karis und meine Bank.

Alex flucht leise vor sich hin. »Wieso müssen Männer so sein? Wieso müssen sie uns so fühlen lassen?«

»Es sind nicht die Männer«, gebe ich nach einer Weile zurück. »Es sind die Menschen. Die Schlechten unter ihnen.«

Alex wischt sich verärgert eine Träne von der Wange. »Ich wollte nicht mir dir streiten.«

»Ist schon okay.«

»Nein, ist es nicht!« Sie springt auf und tritt gegen die Bank. Als würde das irgendwas nützen.

Ich weiß. Ich kenne diese Wut. Sie ist ein Teil von mir, genau wie *er*, genau wie alles, was damit zu tun hat.

»Hasse die Welt nicht«, sage ich leise. »Sie erleidet schon genug Hass.« Alex schnaubt. »Wer spricht denn da aus dir?«

»Sie ist weg«, sage ich. »Sie ist gegangen.«

Alex versteht nicht. »Was?«

Ich breche zusammen. Ich falle auseinander. Nichts ist noch übrig.

Ich liege am Boden. Der Endpunkt ist gekommen. Kämpfen ist jetzt nicht mehr genug. Kämpfen ist keine Option mehr. Die Kraft reicht nicht mehr. Ich höre eine Tür aufgehen. Ich spüre die Arme meines Vaters. Ich fühle, wie Sabri unter meinen Körper greift, ihn hochhebt, als würde er nichts wiegen. Moms gütige, liebevolle Augen. Immer wieder küsst sie mich. »Alles wird gut.«

Wie? Wie denn?

Ich bekomme Tee. Mom und Dad mustern mich besorgt. Wahrscheinlich sehe ich aus, als wäre ich wieder reif für die Klapse. Wahrscheinlich bin ich das auch. Alex ist mit reingekommen, sitzt neben mir und hält meine Hand, damit ich nicht wieder auf die Idee komme umzufallen. Sabri beobachtet mich beunruhigt, er ringt mit den Worten, sie wissen nicht, was los ist. Ich kann es ihnen unmöglich sagen. Ich kann ihnen unmöglich von Kari erzählen.

»Was ist denn passiert?«, will Dad wissen.

»Ich kann es nicht«, sage ich tonlos. Zu wem sage ich es? Zu wem spreche ich überhaupt?

»Ich kann nicht damit leben«, spreche ich weiter ins Nichts.

Kari ist nicht mehr da. Jetzt spielt es keine Rolle mehr, wem ich es erzähle. »Ich kann es nicht aushalten.« Sabri kommt zu mir. Er hockt sich hin und legt seine Stirn auf mein Bein. »Du kannst es.«

Mom nickt. Sie lächelt mich an, von Kämpferin zu Kämpferin. Dad braucht nichts zu sagen. Ich weiß, was er denkt. Alex streicht mir die Haare aus dem Gesicht, eine so tröstliche Berührung, ich möchte mich zusammenrollen und ins Bett gebracht werden.

»Du bist damit nicht alleine«, sagen sie. »Du gehst diesen Weg nicht alleine.« Ich weiß nicht, ob ich das je akzeptieren werde. Ob ich es je akzeptieren kann, nicht alleine zu sein. Andere an meinem Schmerz teilhaben zu lassen. Die, die mir am nächsten stehen. Kann ich das? Ist es richtig so? Sollten sie davon wissen?

Ich weiß, was Kari tun würde. Sie würde mir einen Kuss geben. »Ja!«, würde sie rufen. »Es ist das Richtige!«

»Was können wir tun?«, fragt Mom.

Es ist mein Herz, das antwortet.

»Nate.«

Sabri ruft ihn an. Alex geht nach Hause. Mom und Dad schauen auf die Uhr, es ist spät, die Nacht bricht herein, Zeit, ins Bett zu gehen. Ich bekomme Küsse auf die Stirn, Umarmungen, Liebe.

Sabri wartet mit mir, wartet auf das Ungewisse, bleibt bei mir, so wie er es immer tut.

»Was ist mit Alice?«, frage ich. Er lächelt in die Nacht.

»Ich gebe sie nicht auf.«

»Okay.«

»Und du?«

»Ich gebe ihn nicht auf.«

»Deal.«

Sabris Handy klingelt. Mein Stichwort. Er geht ins Zimmer, ich zur Tür. Nate erscheint abgehetzt und verschwitzt im Hausflur. Seine Augen, so tief und unergründlich wie der Ozean, ziehen mich sofort in seinen Bann. Es hat keinen Sinn, sich dagegen zu wehren. Es hatte noch nie einen Sinn.

Unsere Körper finden sich, eine Umarmung, so fest und wärmend, wie es nur seine sein kann.

Seine Stimme, warm wie heiße Schokolade im Winter, an meinem Ohr.

»Geht es dir gut?«

»Nein.«

Wir gehen in den Garten, das Zirpen der Grillen hüllt uns ein, die Sommernacht begrüßt uns. Wir schweigen, wie nur wir es können. Sprechen, ohne Worte zu verwenden. Aber nicht immer reicht die Stille aus.

»Ich will dir eine Geschichte erzählen«, sage ich. Von Kari. Von Josh und von Ben. Von den guten Tagen und den schlechten Tagen. Von einem Sommerfest. Nate liebt Geschichten. Aber am meisten liebt er das Ende einer Geschichte.

»Wie endet sie?«, fragt er also.

»Mit dir.« Ich stehe auf, gehe auf ihn zu, er steht auf dem Rasen, berührt mit einer Hand den Flieder. »Sie endet mit dir.«

Irgendwie finden unsere Lippen sich. Irgendwie kommen sie dahin, wo sie hingehören. Kein Schmerz. Keine Angst. Nur Nate und ich.

Mein Herz schießt hinaus ins Universum und nimmt all das Schlechte mit sich. Vielleicht kommt es wieder zurück. Aber den Schmerz, den lässt es dort. Dort, wo er uns nicht weh tun kann.

55

Der Sommer erreicht seinen Höhepunkt. Die Hitze brennt sich ein. Sie verbrennt alles.

Ich warte. Ich warte und warte und warte. Aber Kari taucht nicht auf. Sie kommt nicht wieder. Sie überrascht mich nicht mehr im Bad. Sie tanzt nicht mehr durch die Welt, stiftet mich nicht mehr dazu an, das Leben in vollen Zügen zu genießen.

Das ist jetzt meine Aufgabe. Das ist meine Mission. Nate und ich.

Jeden Freitag holt er mich ab. Wir fahren zu *Destination Breakdown* von Digitalism durch die Nacht. Jetzt muss ich mich nicht mehr rausschleichen. Meine Eltern lassen mich lächelnd gehen. Sie wissen, dass ich es versuche. Dass ich es immer versuchen werde.

Damit zu leben. Mit allem zu leben. Auch den Dingen, die noch kommen werden. Den guten Tagen, den schlechten Tagen. Der Trauer und Fassungslosigkeit, die mich einholen wird. Sie wird kommen. Nicht immer, nicht an jedem Tag. Aber ich kenne sie. Sie ist ein treuer Begleiter. Es bringt nichts, sich vor ihr zu verstecken.

Nate und ich sitzen auf einer Bank, nahe dem See, zu dem wir als Kinder immer mit dem Fahrrad gefahren sind.

»Woran denkst du?« Er streicht sanft meinem Nacken entlang. Und es ist schön. Es ist mehr als schön.

Ich denke an das Mädchen, von dem er mir kaum erzählt hat. Sie waren zusammen, aber es war wohl nicht die große Liebe. Mehr gab es nicht zu sagen.

Ich denke an Alex, die bald ins Ausland gehen wird. Fort von hier, fort von ihren Eltern, um etwas zu beginnen, das sie für sich will. Ich denke an so vieles. Aber sagen muss ich das, was zählt.

»Was ist, wenn ich Angst bekomme?«

Nate berührt in aller Ruhe weiter meine Haut. Ich hätte gedacht, das Kribbeln dabei würde aufhören. Aber es wird immer besser.

»Was ist, wenn ich wieder weglaufe?«

Nate beugt sich vor und nimmt mein Gesicht in seine Hände. Er hält es fest, als könnte es zerbrechen.

»Vielleicht hilft es dir zu wissen, dass es nichts gibt, wovor du weglaufen musst. Ich werde da sein. Wir alle werden da sein.«

Ich schließe die Augen und kann das Lächeln, das kommt, nicht unterdrücken.

Vielleicht funktioniert es. Vielleicht wird es genau das, was wir uns wünschen. Vielleicht akzeptiere ich, dass ich nicht alleine bin.

Weil es das Richtige ist. Weil ich nicht weglaufen muss. Weil ich keine Angst haben muss. Weil ich nicht alleine sein werde.

»Wollen wir rummachen?«, frage ich. Nate grinst das Grinsen, das ich liebe. Ich fahre ihm durch die Haare. Gott sei Dank wachsen sie wieder.

Vermutlich wird er heute Nacht bei mir schlafen. Vermutlich werde ich nicht bereit sein. Vermutlich wird es mir schwerfallen.

Aber das Risiko gehe ich ein. Denn wer weiß? Vielleicht irre ich mich auch. Vielleicht ist es das Leichteste überhaupt.

Ein Ast knackt. Mein Bruder schiebt sein Fahrrad an mir vorbei und stellt es ab, mit einem spöttischen Blick auf uns.

»Sucht euch ein Zimmer«, sagt er. Nate schaut verlegen zur Seite, und ich verpasse Sabri einen Tritt. Er schaut über unsere Köpfe hinweg. Seine Augen leuchten. Sein Blick spricht Bände. Er ist hoffnungsvoll.

»Komm ruhig her«, ruft er, nicht an uns gerichtet. Nate und ich recken den Hals.

Sie kommt unsicher den Waldweg entlang auf unsere Bank zu. Ihr leuchtendes schwarzes Haar spielt mit dem Wind. Alice.

Ich stehe auf und grinse sie an. Zuerst zögert sie, doch dann erwidert sie mein Grinsen. Ein wunderschönes Mädchen. Ein starkes Mädchen. Das weiß ich. Vielleicht, weil ich genau hinschaue. Vielleicht, weil ich mehr weiß, als sie ahnt.

»Hallo.« Ich halte ihr die Hand hin, damit sie sich nicht gezwungen fühlt, mich bei der ersten Begegnung zu umarmen, doch sie ignoriert meine Hand und schließt die Arme um mich.

»Freut mich, dich kennenzulernen.« Wir sagen es gleichzeitig. Ich schaue sie an, und meine Freude spiegelt sich in ihren Augen. Ich drehe mich zu Sabri um. Unmerklich, so dass ich es mir fast eingebildet haben könnte, weicht ein Wort von seinen Lippen.

»Danke.«

56

Alex gibt eine Abschiedsparty. Ihre Eltern kommen bald zurück, das Haus steht uns zur Verfügung, und auch wenn ich mich über ihre Vorfreude freue, habe ich Angst vor morgen, wenn sie fort ist. Wir machen uns bei ihr im Zimmer fertig, bevor die ganzen Leute kommen. Schulkameraden, mein Bruder, Alice und Nate.

»Ich freue mich, dass ihr endlich zueinander gefunden habt«, flötet Alex, während sie eine Strähne nach der anderen um den Lockenstab wickelt. Ich bin noch mit meinem Outfit beschäftigt.

»Ich will nicht, dass du gehst«, erwidere ich und zupfe an dem Saum des luftigen Rocks, den Alex mir geliehen hat. Sie lässt den Lockenstab sinken, geht auf mich zu und lässt ihre ringbesetzten Hände auf meine Schultern sinken. Sie versucht, ernst und erwachsen zu wirken.

»Wir bleiben in Kontakt. Verstanden?«

Mir kommen die Tränen.

»Ich hau dir eine rein, wenn du jetzt heulst.«

Lächelnd schließe ich die Augen und halte die Trauer zurück.

»Das ist nicht das Ende der Welt. Verstanden?«

»Verstanden.«

»Ich komme zurück. Aber ich muss das machen. Verstanden?«

»Verstanden.«

»Ich muss endlich weg von meinen Eltern. Verstanden?«

Ich schlinge die Arme um sie. Ja, das muss sie.

Das Haus ist voller als erwartet. Alex und ich verbringen eine Weile in der tanzenden Menge, bevor ich mich zu Nate und ein paar anderen Rauchern auf den Balkon geselle.

Charmant reicht er mir ein Getränk, küsst mich leidenschaftlich und legt die Arme um mich, während die Sonne langsam hinter den Dächern der Stadt untergeht und einen verheißungsvollen Abend verspricht.

Nate berührt meine Schultern von hinten. Er drückt mich an sich, sein Kinn auf meinem Kopf abstützend. Für einen kurzen Moment versteife ich mich wieder. Durchatmen.

Es wird besser. Jede Berührung. Vielleicht liegt es an Nates Geduld, an seiner Zärtlichkeit. Aber es macht mir weniger aus. Es ist gut. Es ist mehr als gut.

Sobald die ersten Gläser zu Bruch gehen, verziehe ich mich nach oben, in Alex' Zimmer, um ihr mein Abschiedsgeschenk aufs Bett zu legen. Einen kleinen Stoffbären. Nur für den Fall, dass doch mal einsame Nächte auf der anderen Seite des Erdballs auf sie zukommen. Ich lege den Bären auf ihr Kopfkissen, als ich es unten laut rumpeln höre. Jemand diskutiert lautstark. Wahrscheinlich irgendeine alkoholdurchtränkte Meinungsverschiedenheit, denke ich. Ich krame in meiner Handtasche auf der Suche nach einer neuen Zigarettenpackung, als Alex' Zimmertür lautstark auffliegt. Vielleicht Nate. Oder Alex. Ich höre, wie sich der Schlüssel im Schloss dreht.

Alex schließt ihr Zimmer normalerweise nicht ab. Ich hebe den Kopf und erstarre.

Justin. Wo zum Teufel kommt der denn her?

Er ist völlig besoffen. Taumelnd kommt er auf mich zu.

»Was willst du hier?«, knurre ich schroff. Er hält inne und prostet mir mit einer Bierflasche zu. Seine Fahne ist übermächtig.

»Weißt du«, er nimmt einen Schluck, »ich mag es nicht, wenn Mädchen so gut über mich Bescheid wissen. Und ich hätte viel Spaß mit deiner süßen Freundin haben können. Aber du hast sie vergrault.«

Das Zimmer ist abgeschlossen. Warum hat er das Zimmer abgeschlossen? Meine Brust ist ein Reißverschluss. Panisch registriere ich, wie er sich langsam zuzieht. »Wenn ein Mädchen nein sagt, hat das nichts mit mir zu tun«, sage ich. Meine Stimme klingt unsicher. Ängstlich. Er geht weiter auf mich zu. Jemand ruft meinen Namen.

Ich will antworten. Wo ist meine Stimme hin?

Justin steht direkt vor mir. »Ich hätte sie haben können. Jetzt will sie mich nicht mehr. Also nehme ich vielleicht besser *dich.*«

Mein Verstand begreift nicht. Ich bin wieder in dem Dixi-Klo. Verwirrt. Ich verstehe nicht, was passiert. Was tut er denn? Wieso macht er das?

»Nein«, sage ich. Er packt mein Gesicht. Beschimpft mich, stößt mich hart zurück, so dass ich stolpere und falle. Er dreht sich um und geht zur Tür. Er lacht.

Ich höre eine Stimme. Ich kenne diese Stimme.

»Steh auf«, sagt Kari. »Steh auf und mach diesen Wichser fertig.«

Die Erkenntnis und die Wut durchzucken mich mit einem Mal. Ein Typ, der nicht weiß, was nein bedeutet. Ein Typ, der sich überlegen fühlt.

Ich komme auf die Füße, schneller als erwartet. Ich rausche durch die Tür, schneller als erwartet. Justin ist gerade bei der Treppe angekommen. Besoffen sein macht langsam.

»Hey, Arschloch!« Es ist ein Brüllen. Ein Wutschrei. Er geht durchs ganze Haus, setzt sich in den Wänden fest. Unten, am

Fuß der Treppe, verstummen die Leute. Justin dreht sich um. Ich verpasse ihm eine, mit all der Wut und all der Kraft, die ich aufbringen kann. Sein Kopf fliegt ruckartig zur Seite, er stolpert und poltert ungeschickt die Stufen hinunter, kann sich gerade noch am Geländer festhalten.

Ich folge ihm und verpasse ihm einen Tritt zwischen die Beine. Er schreit und krümmt sich zusammen.

»Gut gemacht«, flüstert Kari.

57

Anscheinend ist Justin unangemeldet hier aufgetaucht und wollte Ärger machen. Mein Bruder und Nate hatten versucht, ihn rauszuwerfen, aber seine Kumpels machten es ihnen ziemlich schwer. Ich habe Justin dagegen die Mission versaut. Wie ein getretener Hund zog er ab. Wahrscheinlich machen sich seine Freunde über ihn lustig. Wahrscheinlich wissen dank meines Auftritts jetzt genug Leute, was für ein Mensch er ist.

Trotzdem ist mir nicht mehr nach Feiern zumute. Alex entschuldigt sich tausendmal. Sie ist völlig aufgelöst und klammert sich an mir fest, als wäre das Ganze ihre Schuld.

Wir gehen auf ihr Zimmer, wo sie den Teddy findet und ihn an ihre Brust drückt. »Wie geht es dir?«, fragt sie. »Ist alles in Ordnung?«

Ich überlege. Ja. Es ist alles in Ordnung. Ein kleiner Sieg. Ich kann die Welt nicht vor Menschen wie Justin retten. Ich konnte mich letzten Sommer auch nicht vor *ihm* retten. Es gibt so viele Dinge, die ich nicht ungeschehen machen kann. Aber es war doch ein kleiner Sieg.

»Mir geht es gut.« Wir halten uns im Arm. Wir versprechen uns, was sich alle besten Freundinnen versprechen. Ein Für-Immer. Was wäre die Welt schon ohne uns? Ich werde sie besuchen. Sie wird mich besuchen. Videochat. Telefonieren. Ein Jahr. Es ist nur ein Jahr.

»Wenn die Schule losgeht«, sagt Alex und schaut mich eindringlich an, »zeigst du ihnen, wo's langgeht. Du lässt dich nicht unterkriegen.«

»Ich versuch's.« Und das werde ich. Ob es funktioniert oder nicht. Ob ich meinen Platz in dieser Welt finde oder es noch dauert. Ich werde es versuchen. Jeden Tag.

An der Haustür übermannen uns doch die Tränen. Die meisten Leute sind gegangen. Nate, mein Bruder und Alice stehen unnütz im Wohnzimmer, schauen uns beim Heulen zu, zwei Mädchen, die sich so viel gegeben haben. Alex stürzt sich auf Nate und drückt ihn so fest an sich, dass er die Zähne zusammenbeißt.

»Du passt auf sie auf, ja? Du lässt sie nicht aus den Augen!«

Nate gibt ihr einen Kuss auf den Kopf. »Ich verspreche es.« Und das, obwohl Nate nicht an Versprechen glaubt. Vielleicht hat er seine Meinung geändert. Vielleicht ändern sich die Dinge eben doch, ob man es glaubt oder nicht.

Wir gehen die Straße entlang. Sabri und Alice sind bereits mit einem Taxi zu uns nach Hause gefahren, Nate und ich wollten noch ein Stück gehen. Das Schweigen ist angenehm. Aber er wird es sowieso brechen.

»Ich hätte diesem Justin den Kopf abreißen sollen. Ich mochte ihn noch nie.«

»Ist schon in Ordnung.«

»Wie geht es dir?«

»Mir geht es gut.«

Nate bleibt stehen und mustert mich.

»Du bist unglaublich.«

»Ich weiß.« Wir grinsen uns an. Aber ich werde das Gefühl

nicht los. Dieses eine Gefühl. Ich kann es nicht abschütteln. Die kribbelnde Hitze, das abgeklungene Adrenalin.

»Ich muss dorthin.« Nate sieht mich lange an. Er weiß, was ich meine. Natürlich weiß er es. »Okay.«

»Kommst du mit mir?«

»Wenn du das möchtest.«

Wir nehmen die Bahn. Einige Menschen sind auf dem Weg in die Stadt. Andere auf dem Weg nach Hause. Ich schaue sie an. Einige lachend, einige schon halb schlafend, andere telefonierend, lesend oder still dasitzend, ungeduldig, sie wollen an ihr Ziel kommen. Ich frage mich, wie viele in diesem Abteil sitzen mit Erinnerungen wie meinen. Ich frage mich, ob sie jemanden haben, der ihnen ein Bild malt, weil sie keine traurige Geschichte sind. Ob sie jemanden haben, der mit ihnen geht. Ganz egal wohin. Der die Erinnerungen erträglicher macht.

Es ist nicht so weit, wie ich dachte. Die Stände, Buden und unzähligen Dixi-Klos sind verschwunden. Hier ist nichts mehr vom Sommerfest zu sehen. Nur eine lange dunkle Straße. Eine ewig lange Straße. Ein Stein, direkt am Straßenrand. Der, auf dem ich saß, weil mir schwindelig war.

Ein leerer, staubiger Platz. Ich kann den Bass hören. Ich höre die Musik immer noch. Ich rieche immer noch die blütenduftgeschwängerte Luft, nehme immer noch die vielen Menschen um mich herum wahr, die gar nicht mehr da sind. Nate hält meine Hand. Ich drücke fest zu, klammere mich daran.

Wir stehen mitten auf der leeren Straße. Hier könnte es gewesen sein. Vielleicht auch ein paar Meter weiter. So genau werde ich das nie wissen. Ich schließe die Augen. Ein Junge ohne Gesicht. Nach wie vor.

Ich dachte, hierherzukommen wäre erleichternd. Vielleicht würde es mir etwas geben. Einen Abschluss.

Aber ich sehe nur den Schmerz. Nate wischt mir eine Träne von der Wange.

»Ich brauche einen Moment.« Er nickt und geht ein paar Meter weiter. Er wird nicht weit gehen. Er wird mich nicht alleine lassen.

Ich setze mich auf den Stein, strecke die Beine aus und schaue in den sternenklaren Himmel. Es ist immer noch der gleiche Himmel. Es ist immer noch die gleiche Straße. Und doch ist nichts mehr so, wie es war. Nichts von alledem.

Ich spüre einen Windhauch.

»Hast du mich vermisst?«

Sie sieht genauso aus wie ich. Nur diese Herzchensonnenbrille. Das Tattoo. Der Lippenstift.

Ich stehe direkt vor ihr, unsere Nasenspitzen berühren sich beinahe. Ihre Augen schimmern. Sie ist nicht wütend. Sie kennt die Wut, aber diese Wut besitzt sie nicht.

Diese Wut besitzt *mich* nicht.

»Ich weiß jetzt, warum du gekommen bist. Ich weiß, warum du die ganze Zeit da warst.«

Kari lächelt still und wartet.

»Du bist der beste Teil von mir. Du bist das Glück. Die Freude. Die Zuversicht. Du bist all das Gute.«

Sie strahlt. Meine Tränen versiegen. »Kennst du jetzt den Grund? Warum du weitermachst?«, fragt sie. Ich nicke. Für meine Familie. Für Nate. Für Alex. Um zu malen. Die Angst zu besiegen, immer wieder. Für all die Dinge auf dieser Welt, die ich liebe. Meine Worte erreichen Kari. »Und ich liebe dich.« Kari streckt die Arme aus. Ich ziehe sie an mich, spüre sie überall, spüre, wie die

Freude und all die Liebe, die sie zu geben hat, die ich zu geben habe, mich durchströmen, mich wärmen, mich komplett einnehmen. Ich werde sie nicht mehr sehen. Aber sie wird immer da sein. Das ist alles, was ich brauche. Alles, was ich bin.

58

In einer Woche geht die Schule los. Ich weiß nicht, was mich erwartet, was auf mich zukommen wird. Aber das ist okay.

Nate, meine Eltern und ich werden die nächsten Tage ans Meer fahren, zu unserem Ferienhaus.. Wir werden schwimmen, grillen, die letzten Tage genießen.

Nate sagt, er wird einen Roman schreiben. Und bei seinem Onkel in der Werkstatt eine Ausbildung anfangen. Er wird das machen, was er am besten kann. Alles auf sich zukommen lassen.

Die Sachen für morgen sind gepackt. Mom wartet beim Auto. Wir fahren zusammen in die Stadt. Natürlich sind wir zu früh und haben noch Zeit rumzukriegen. Ich schaue mir die Bilder an, die Alex geschickt hat, sie ist irgendwo am Ozean und rettet Schildkrötenbabys. Sie sieht glücklich aus. Mom und ich holen uns einen Coffee to go und schlendern im Einkaufszentrum herum, bevor wir weitermüssen. Ich bleibe in einem kleinen Laden stehen, der Accessoires verkauft.

Ich nehme die Herzchensonnenbrille, die direkt über mir hängt, und setze sie auf die Nase. Mom macht große Augen.

»Steht dir. Aber nicht wirklich dein Stil, oder?«

»Mir gefällt's.«

Mom kauft sie. Wir gehen zum Auto zurück und fahren ein paar Straßen weiter zu dem roten Haus, unserem Ziel.

Ich atme tief durch, bevor ich die Beifahrertür öffne. Meine Mutter lächelt mir aufmunternd zu. »Viel Erfolg«, sagt sie.

Er war eine Empfehlung ihres Freundes. Ich drücke das Klingelschild und laufe langsam ins oberste Stockwerk, unsicher, zurückhaltend.

Mein eventuell zukünftiger Therapeut steht in der Tür seiner Praxis und hält mir die Hand hin. Wir stellen uns vor. Ich gehe in ein warmes, gemäldebehangenes Zimmer mit zwei Sesseln.

Er sitzt mir direkt gegenüber. »Das sind schöne Bilder«, sage ich. Er nickt und lächelt.

»Ich weiß schon, warum Sie hier sind«, sagt er. »Ihr Vater hat mir davon erzählt.«

»Wovon?«

»Von Ihrer Vergewaltigung.« Wir schweigen eine Weile.

»Ich brauche jemanden«, sage ich irgendwann. »Ich glaube, ich schaffe es nicht alleine.«

Erneutes Nicken. Ich mag das Zimmer. Ich mag die Ruhe, die es ausstrahlt. Die Ruhe, die dieser Mann ausstrahlt. Vielleicht ist es seltsam, zu einem Mann zu gehen, wenn man von so einem Erlebnis erzählen möchte. Aber am Ende macht es doch keinen Unterschied.

Auch ein Mann kann mir zuhören. Auch ein Mann kann mich erzählen lassen. Auch wenn ich es hasse zu erzählen. Auch wenn es mich zerreißt. Mich vielleicht noch sehr, sehr lange zerreißen wird. Es kann besser werden. Es kann helfen. Daran glaube ich.

Alice ist zum Abendessen da. Meine Eltern sitzen im Garten und lesen. Mein Fenster ist weit geöffnet. Ich will die Vögel hören.

Ich halte das Bild in meinen Händen, das Bild, das ich nie zu Ende gebracht habe. Schwarz, so schwarz wie die Dunkelheit.

Inmitten der Schwärze ist ein Licht zu erkennen. Rot, gelb, violett. Vergleichbar mit einem Sonnenaufgang, der den Himmel in Brand setzt.

Ich lasse Wasser in einen Becher laufen. Ich krame die zerdrückten Acrylfarben hervor. Ich nehme einen Pinsel.

Ich male das Bild weiter. Strich für Strich. Ich lasse die Gefühle dort auf der Leinwand, hinterlasse meine Spur, mache die Dunkelheit dunkler, so dunkel wie die Dunkelheit, die manchmal noch kommt.

Aber ich kann das Licht nicht ignorieren. Ich kann es nicht auslassen. Ich kann es nicht übermalen. Ich will diesem Licht Beachtung schenken.

Und so male ich, bis mein Arm schmerzt.

Rot, gelb, violett. Es setzt die Leinwand in Brand. Es setzt mich in Brand.

Es jagt die Dunkelheit davon.

Susanne Kaloff
Angst ist nichts für Feiglinge
Mein Exit aus der Panik

Wenn einer sagt: »Ich habe einen Bandscheibenvorfall«, dann kann man raten: »Mach' doch mal mehr Sport«, und die Nummer seines Osteopathen weiterreichen. In einer geselligen Runde darf fallen gelassen werden, unter Reizdarm oder Migräne zu leiden. Mensch, lässt sich da nichts mit der Ernährung machen? Aber das A-Wort soll bitte zu Hause hinter verschlossenen Türen bleiben. Warum das so ist? Vielleicht, weil uns von klein auf eingetrichtert wurde: Du brauchst keine Angst zu haben. Du darfst keine Angst haben. Und wenn du sie hast, behalte sie um Himmels Willen für dich.

240 Seiten, broschiert